Andreas Hoffmann

Innovation durch Kooperation

Andreas Hoffmann

Innovation durch Kooperation

resultierende Chancen und Erfolgsfaktoren als Innovationstreiber einer österreichischen Bank

Lehrbuchverlag

Cover image: www.ingimage.com

Publisher:
Der Lehrbuchverlag
is a trademark of
International Book Market Service Ltd., member of OmniScriptum Publishing Group
17 Meldrum Street, Beau Bassin 71504, Mauritius

Printed at: see last page
ISBN: 978-620-0-44506-3

Danksagung

Mit der Abgabe dieser Masterarbeit geht für mich eine lange Reise mit all ihren Facetten zu Ende. An dieser Stelle möchte ich mich bei allen Personen bedanken, die mich während der letzten Jahre begleitet und stets unterstützt haben.

Mein ganz besonderer Dank gilt meiner Betreuerin Katharina Felleitner, BA, MSc, die mich von der Ideenfindung bis hin zur finalen Abgabe stets unterstützt und interessiert begleitet hat. Außerdem möchte ich meinem Zweitbetreuer MMag. Dr. Stefan Bauer für die Unterstützung und der Themeneingrenzung seitens der Bank danken. Durch euer kritisches Hinterfragen und der konstruktiven Anmerkungen konnte ich die Qualität meiner Masterarbeit iterativ steigern.

Den Kern dieser Arbeit stellen die qualitativen Interviews dar. Daher gilt mein besonderer Dank den Fintechs, der Bank und den fünf Expert/innen die mich bei der empirischen Untersuchung auf äußerst spannende Erkenntnisse gebracht haben. Da ich deren vollständigen Namen zur Wahrnehmung der zugesagten Anonymität nicht nennen kann: Vielen Dank Deborah, Stefan, Matthias, Maximilian und Florian für die tollen Einblicke!

Abschließend möchte ich mich ganz herzlich bei meiner Freundin Corinna und meinen Eltern, sowie meinen Schwestern Sandra und Marina bedanken, die mich immer unterstützt, motiviert und diesen Schritt überhaupt erst ermöglicht haben.

Kurzfassung

Europäische Banken sehen sich mit neuen Geschäftsmodellen, neuen Marktteilnehmer/innen, sowie einer Vielzahl an regulatorischen Vorgaben konfrontiert. Innovative technologische Entwicklungen und neue Geschäftsmodelle verändern die Finanzbranche. Mit dieser verbundenen Dynamik wächst der Bedarf an Kooperationen. Es ist zu erkennen, dass neue Produkte und Dienstleistungen oftmals nur entstehen können, wenn Unternehmen ihre organisatorischen Grenzen überschreiten und Kooperationen eingehen. Fintechs haben den Vorteil auf neuen Technologien aufzubauen und agile Prozesse effizienter etablieren zu können. Allerdings stehen sie vor der Herausforderung regulatorische Anforderungen der Finanzbranche umzusetzen, eine Banklizenz zu erhalten und eine etablierte Marke und den damit verbundenen Kundenstamm zu erreichen. Neben den Analogien in einigen Bereichen sind auch Gegensätze und somit Potential an einer Kooperation identifiziert worden. Es lässt sich daher eine Abhängigkeit zwischen den Unternehmen erkennen und die einst als Disruptor der Finanzindustrie angesehenen Fintechs entwickeln sich zu potentiellen Kooperationspartner/innen für etablierte Banken. Abgesehen von Fintechs gewinnen auch Unternehmen aus anderen Branchen, sowie internationale Technologiekonzerne Interesse an der Finanzbranche. Auf Grund der EU-Richtlinie PSD2 werden diesen Mitbewerber/innen die Markteintrittsbarrieren in den österreichischen Finanzmarkt erleichtert. Diese Faktoren bilden eine attraktive Basis für Kooperationen zwischen Banken und Fintechs. Die vorliegende Masterarbeit behandelt eine Multiple Case Study in Zusammenarbeit mit einer österreichischen Universalbank und fokussiert sich auf die digitale Produktentwicklung im Privatkundengeschäft. Durch diese empirische Forschungsmethode können die Untersuchungsgegenstände in ihrem realen Umfeld untersucht werden. Die Datenerhebung erfolgt durch Experten/inneninterviews mit unterschiedlichen Stakeholdern der ausgewählten Bank und der Fintechs. Dazu werden drei unterschiedliche Einführungsprozesse einer externen Technologieverwertung als Fallstudien begleitet und analysiert. Dabei konnten sieben kritische Erfolgsfaktoren identifiziert und Kooperationen als vielversprechende Alternative aufgezeigt werden. Ebenso werden Handlungsmaßnahmen für die Bank aufgezeigt, um zukünftige Kooperationen mit Fintechs hinsichtlich des Prozessdesigns zu optimieren. Es wurde erkannt, dass Kooperationen zwischen Banken und Fintechs von strategischer Bedeutung sind und für beide Unternehmen einen Wettbewerbsvorteil erzielen können.
Ebenso besteht für die Bank die Möglichkeit durch eine Kooperation mit einem Fintech einen Innovationstreiber zu erlangen.

Schlagwörter: Fintech, Kooperation, Erfolgsfaktor, Innovation

Abstract

European banks are faced with new business models, new market participants and regulatory requirements. Innovative technologies and new business models are changing the financial industry. The need for cooperation is growing as a result of these dynamics. New products and services can often only be created if companies transcend their organizational boundaries and enter cooperation's. Fintechs have the advantage of being able to use new technologies and establish agile processes more efficiently than banks. However, they face the challenge of implementing the regulatory requirements of the financial industry, obtaining a banking license and achieving an established brand and customer base. In addition to the analogies in some areas, contrasts and thus potential for cooperation have also been identified. Therefore, a dependency between these companies can be recognized and the fintechs, once regarded as disruptors of the financial industry, develop into potential cooperation partners for established banks. Apart from fintechs, companies from other industries as well as international technology groups are also gaining interest in the financial sector. Due to the new EU directive PSD2, it will be easier for these competitors to enter the Austrian financial market. These factors form an attractive basis for cooperation between banks and fintechs. This master thesis deals with a multiple case study together with an Austrian omni-channel bank and focuses on digital product development in retail banking. This empirical research method makes it possible to examine the subjects of the study in their real environment. Data is collected by interviews with different stakeholders from the selected bank and fintechs. Three different implementation processes of a technology transfer were accompanied and analyzed as case studies. Seven critical success factors were identified, and cooperation's were identified as a promising alternative. Measures for the bank to optimize future cooperation with fintechs in terms of process design are also identified. It was recognized that cooperation's between banks and fintechs are of strategic importance and can achieve a competitive advantage for both companies. It is also possible for the bank to obtain an innovation driver by cooperating with a fintech.

Keywords: fintech, cooperation, success factor, innovation

Inhaltsverzeichnis

Abbildungsverzeichnis

Tabellenverzeichnis

Abkürzungsverzeichnis

bzw.	beziehungsweise
CRM	Customer Relationship Management
DSGVO	Datenschutzgrundverordnung
FMA	Finanzmarktaufsichtsbehörde
GAFA	Google, Amazon, Facebook und Apple
GmbH	Gesellschaft mit beschränkter Haftung
IBAN	internationale Bankkontonummer
IT	Informationstechnologie
PFM	Personal Finance Management
PSD2	Payment Services Directive 2 (zweite Zahlungsdiensterichtlinie)
SaaS	Software as a Service
US-Dollar	United States Dollar
UX	User Experience
z.B.	zum Beispiel

1 Einleitung

Im Zuge der Einleitung wird die Problemstellung und Ausgangslage dieser Masterarbeit erläutert. Ebenso werden die Ziele der Arbeit beschrieben und die Forschungsfrage definiert. In diesem Kapitel wird auch auf die Themenreflexion, sowie die Abgrenzung des Untersuchungsgegenstandes als Ausgangspunkt der Literaturrecherche eingegangen. Abschließend wird die methodische Vorgehensweise beschrieben und der Aufbau der Arbeit dargestellt.

Innovationen sind ein kritischer Erfolgsfaktor für den nachhaltigen Erfolg eines Unternehmens. Erfolgreiche Produkte und Dienstleistungen können oftmals nur entstehen, wenn Unternehmen ihre organisatorischen Grenzen überschreiten und Kooperationen eingehen (Gerybadze 2004). Neue Geschäftsmodelle und technologische Konzepte bilden die Grundlage für innovative Lösungen im Finanzbereich. Europäische Banken müssen einer Vielzahl an regulatorischen Vorgaben, der digitalen Transformation, sowie neuen Wettbewerbsbedingungen gerecht werden. Neben bereits etablierten Jungunternehmen - wie N26 mit mittlerweile über einer Million Kund/innen (derbrutkasten 2018) - finden auch regelmäßig neue Fintechs ihre Nische in dieser Branche.

Fintechs sind Unternehmen, die sich auf neue Technologien spezialisiert haben und innovative Produkte und Dienstleistungen in der Finanzbranche anbieten (BaFin 2016). In diesem Wandel stehen sich Fintechs und Banken als Wettbewerber/innen und als Kooperationspartner/innen gegenüber (IT Finanzmagazin 2018a).

Banken sehen sich mit neuen Geschäftsmodellen, neuen Marktteilnehmer/innen, sowie verkürzten Produktlebenszyklen und Entwicklungszeiten konfrontiert. In Zeiten der Digitalisierung und der damit verbundenen Dynamik wächst der Bedarf an Kooperationen zwischen Unternehmen. Etablierte Banken stehen vor der Herausforderung digitale Innovationen zu entwickeln um für Kund/innen weiterhin attraktiv bleiben zu können. Viele vorhandene oder neue Services und Funktionalitäten, wie die Darstellung aller Finanzprodukte in einer mobilen Applikation, werden von Kund/innen bereits als Hygienefaktor vorausgesetzt. Kund/innen erwarten sich von ihrer Hausbank intelligente aber auch zeit- und ortsunabhängig verfügbare Lösungen zu einem angemessenen Preis (Holotiuk et al. 2018).

Fintechs haben den Vorteil auf neue Technologien aufbauen und auf Grund ihrer vergleichsweise geringeren Unternehmensgröße agile Prozesse effizienter etablieren zu können. Allerdings stehen diese Unternehmen vor der Herausforderung regulatorische Anforderungen der

Finanzdienstleistungsbranche umzusetzen oder eine Banklizenz zu erhalten. Ebenso sind das Kundenvertrauen bei der Verwaltung persönlicher Finanzdaten und ein umfangreicher Kundenstamm bei Fintechs in diesem Stadium noch nicht ausreichend ausgebaut. Diese Bedingungen verlangen von Banken und Fintechs die Bereitschaft zur kontinuierlichen Veränderung hinsichtlich ihrer Organisation und Technologie. Dadurch lässt sich eine gewisse Abhängigkeit erkennen. Die einst als Disruptor angesehenen Fintechs entwickeln sich zu potenziellen Kooperationspartnern (Holotiuk et al. 2018).

1.1 Problemstellung

Banken und Sparkassen stehen vor einem Wandel. Neben der anhaltenden Niedrigzinspolitik, dem steigenden Wettbewerbsdruck und den oftmals veraltenden Technologien, steigt auch die Anzahl neuer Unternehmen mit attraktiven Finanzdienstleistungen rasant an. Österreichische Banken sind oft auf mehreren Kanälen, wie zum Beispiel (z.B.) physisch in Form von Filialen, digital oder einem Customer Care Center vertreten und bedienen daher einen generationsübergreifenden Kundenkreis. Dadurch kann sich eine Bank flächendeckend etablieren und unterschiedliche Zielgruppen bedienen. Allerdings sind hierbei auch organisatorische Mehraufwände und Mehrkosten zu berücksichtigen. Diese ergeben sich durch mehrere Standorte, viele Unternehmensbereiche und die damit verbundene hohe Anzahl an Mitarbeiter/innen. Letzteres kann zu langwierigen Entscheidungszyklen führen und die oftmals gewünschte Agilität behindern. Zusätzlich fokussieren sich diese Banken mit ihren Lösungen auch auf den gesamten Markt. Junge Kund/innen erwarten sich eine moderne Bank mit mobilen Services, während hingegen ältere Kundengruppen nicht auf eine Filiale im näheren Umkreis verzichten möchten (Krah 2017).

Das Marktforschungsinstitut Gartner prognostiziert, dass 80 Prozent der etablierten Finanzdienstleistungsunternehmen weltweit bis 2030 vom Markt verschwinden werden. Sie könnten in den nächsten Jahren bereits schrittweise von Fintechs oder neuen Wettbewerber/innen abgelöst werden (Gartner 2018). Um für Kund/innen weiterhin attraktiv zu bleiben, müssen österreichische Banken bereichsübergreifend Innovationen entwickeln. Banken setzen daher verstärkt auf Accelerator und Incubator-Programme (Brühl/Dorschel 2018).

1.1.1 Zunehmender Druck durch regulatorische Anforderungen

Die globale Finanzkrise hat zu erhöhten Eingriffen der Gesetzgeber/innen geführt. Durch den Eintritt der zweiten Zahlungsdiensterichtlinie (PSD2) steht der Finanzindustrie auch im Jahr

2019 ein großer Wandel bevor. Diese bildet mit der Datenschutzgrundverordnung (DSGVO) die treibende Kraft im regulatorischen Bereich. „Mit der Neufassung der Richtlinie über Zahlungsdienste im Binnenmarkt sollen der Verbraucherschutz verbessert, Innovationen gefördert und die Sicherheit von Zahlungsdiensten erhöht werden.“ (BMF 2018).

Diese Richtlinie soll in nationales Recht umgewandelt werden und verfolgt das Ziel einheitlicher Regeln in Europa einzuführen. Ebenso erwartet man sich dadurch transparente Zahlungsinformationen, schneller abgewickelte Zahlungen, erhöhten Verbraucherschutz, sowie eine größere Auswahl an Zahlungsdiensten. Banken werden gezwungen ihre noch geschlossenen Plattformen zu öffnen und ihre technischen Schnittstellen aufbereitet und dokumentiert Dritten zur Verfügung zu stellen (Europäische Union 2015).

1.1.2 Neue Marktteilnehmer/innen

Die weltweit getätigten Investitionen in Fintechs betrugen im ersten Halbjahr 2018 bereits eine Rekordhöhe von 57,9 Milliarden Dollar und somit bereits weit mehr als im gesamten Vorjahr. Hierzu wurden fast 900 Finanzierungen abgeschlossen. Als Ausreißer lässt sich hierbei eine Risikokapitalfinanzierung eines asiatischen Fintechs mit 14 Milliarden Dollar aufzeigen. Es ist zu beobachten, dass sich sowohl die Investitionshöhe, als auch geografische und thematische Gebiete umformen. Neben traditionellen Banken und Fintechs ist auch aufzuzeigen, dass Medienunternehmen, Energieversorger und unterschiedliche Handelsunternehmen Interesse an Finanzdienstleistungen zeigen (KPMG 2018). Diese Masterarbeit soll Kooperationen zwischen Fintechs und Banken als alternatives Modell zu Investitionen, Accelerator und Inkubator Programme für nachhaltigen Bestand aufzeigen. Um Kooperationen erfolgreich gestalten zu können, sollen Maßnahmen für ein optimiertes Prozessdesign, sowie kritische Erfolgsfaktoren identifiziert werden.

Abgesehen von Fintechs und Unternehmen aus anderen Märkten gewinnt die Finanzbranche auch für die Technologiekonzerne Google, Amazon, Facebook und Apple (GAFA) an Attraktivität. Diese arbeiten bereits intensiv an modernen und innovativen Finanzlösungen. Auch Regularien wie PSD2 erleichtern die Markteintrittsbarrieren in den österreichischen Finanzmarkt (Deeken/Fuchs 2018).

1.2 Ziele der Arbeit und Forschungsfrage

Neben den bereits aufgezählten Herausforderungen ergeben sich auch Chancen für Bankinstitute und Jungunternehmen. Die neue Marktsituation, sowie 2019 in Kraft tretende regulatorische Änderungen, bieten eine attraktive Basis für Kooperationen. Banken wird es vereinfacht, Services anderer Dienstleister/innen zu kaufen und diese rasch und ressourcenschonend zu implementieren. Bisher konnte man solche Kooperationen nur auf Produkt- und nicht auf Funktionsebene finden. Beispielsweise bieten manche Banken auch Versicherungsangebote eines Partners an. Hierbei wechselt der/die Kunde/in jedoch im Normalfall von der gewohnten Systemlandschaft der Bank in die Systeme des Versicherungsinstitutes. Hier konnten bereits erste Erfahrungen gemacht werden, dass dies auf solcher Ebene funktioniert. Bei einem Absprungpunkt vom online banking der Hausbank, auf die Website eines Fintechs mit deren eigenständigen Produkt wurde identifiziert das der Großteil der Kund/innen - aufgrund einer Ungewissheit - den Prozess bei dem meist unbekannten Jungunternehmen abbricht. Dem kann durch zugekaufte Funktionalitäten, welche in die Bankensysteme und deren Nutzeroberfläche integriert sind, entgegengewirkt werden (Tiberius/Rasche 2017). Während Fintechs ihren Kundenstamm und ihre Liquidität verbessern können ergibt sich für Banken der Vorteil neue Leistungsbereiche zeitnah anzubieten.

Diese Masterthesis behandelt eine Multiple Case Study in Zusammenarbeit mit einer österreichischen Universalbank. Die behandelte Bank sieht Fintechs nicht als direkte Bedrohung, sondern als potenzielle Partner für nachhaltige Kooperationen, welche sich vorerst auf den digitalen Produktentwicklungsprozess richten. Es werden dazu als Fallstudien drei unterschiedliche Einführungsprozesse im Bereich Innovations- und Technologiemanagement begleitet und analysiert.

Um in dieser Bank grundsätzlich Innovationsmanagement betreiben zu können, wurden als erster Schritt Erfolgsfaktoren definiert. Einer davon handelt um Kooperationen mit Fintechs. Dieser Faktor soll im Zuge der Masterarbeit weiter ausgebaut werden und einen Mehrwert für die Bank generieren. Bereits vielfach aufgezeigte Möglichkeiten eines Accelerator-Programmes, sowie Investitionen in Fintechs durch Risikokapital sollen vernachlässigt und Kooperationsmöglichkeiten als vielversprechende Alternative aufgezeigt werden. Dazu werden bei den drei analysierten Kooperationen kritische Erfolgsfaktoren identifiziert und Maßnahmen hinsichtlich des Prozessdesigns aufgezeigt, damit die Bank zukünftige Kooperationen optimieren kann. Weitergehend soll evaluiert werden ob bei einer gemeinsamen Produktentwicklung auch ein

Ausbau dessen - hinsichtlich des Innovationsmanagements - ermöglicht werden kann. Dazu werden die drei Kooperationen dieser Studie auf ihre Erfolgsfaktoren untersucht.

Forschungsfrage:

Welche kritischen Erfolgsfaktoren lassen sich bei der Kooperation zwischen Fintechs und einer österreichischen Bank identifizieren, um eine externe Technologieverwertung im digitalen Privatkundengeschäft erfolgreich umzusetzen?

1.3 Methodische Vorgehensweise

Diese Masterarbeit stützt sich unter anderem auf vorhandene Literatur zum besagten Thema. Auf Basis der Unterlagen aus den Lehrveranstaltungen des Studiums „Innovations- und Technologiemanagement" an der Fachhochschule Technikum Wien und der beruflichen Erfahrung in der Finanzbranche wurde eine umfangreiche Literaturrecherche durchgeführt. Die Erkenntnisse wurden durch die Interpretation dieser Werke gewonnen und für die Darstellung des aktuellen Forschungsstandes herangezogen.

Die methodische Vorgehensweise erfolgt durch Expert/inneninterviews mit unterschiedlichen Stakeholdern der ausgewählten Bank und der Fintechs, sowie einer Sekundärdatenanalyse. Die Expert/innen der Unternehmen werden aus unterschiedlichen Bereichen und Hierarchieebenen herangezogen und waren bereits bei Kooperationen im digitalen Privatkundengeschäft involviert. Basierend auf der durchgeführten Literaturanalyse wurde ein Interviewleitfaden erstellt. Durch diesen qualitativen Ansatz der Forschungsmethodik kann eine Vertiefung der Thematik erfolgen, Details betrachtet und die Sicht der/des Betroffenen in den Mittelpunkt gestellt werden. Nach der Befragung werden die Audioaufnahmen mittels Transkripts schriftlich festgehalten. Dabei handelt es sich um ein kommentiertes Transkript, welches die Basis für die darauffolgend zusammenfassende Inhaltsanalyse bildet. Im Zuge einer Inhaltsanalyse werden Übereinstimmungen evaluiert und Schlussfolgerungen bestimmter Aspekte gezogen. Die induktive Inhaltsanalyse nach Mayring fasst das erhobene Datenmaterial auf die wesentlichen Aussagen zusammen. Dadurch können Ergebnisse generiert und die Forschungsfrage beantwortet werden (Mayring 2015).

Die Literatursuche begann mit einer online Recherche an der österreichischen Bibliothekenverbund und Service GmbH. Für die Recherche wurden unter anderem die Schlüsselwörter Bank,

Fintech, Kooperation und Erfolgsfaktoren verwendet. Ergänzend dazu erfolgte eine Literaturrecherche unterschiedlicher Datenbanken zum aktuellen Stand der wissenschaftlichen Datenlage.

Für die Untersuchung der Forschungsfrage wird der empirische Teil dieser Masterarbeit in Form einer Multiple Case Study nach Yin aufgebaut. Der Grund hierfür ist einen praxisnahen und offenen Forschungsansatz zu schaffen. Der Ansatz der Multiple Case Study erscheint für die Forschungsfrage passend, da insbesondere Erfolgsfaktoren identifiziert werden sollen, welche sich aus unterschiedlichen Kooperationen ergeben. Dafür werden drei Fallstudien zu Kooperationen zwischen der Bank und jeweils einem anderen Fintech herangezogen. Durch eine Sekundärdatenanalyse in Form einer Literaturrecherche, sowie anhand vorhandener Unternehmensdokumente wird versucht verschiedene Indikatoren zu evaluieren, Zusammenhänge abzuleiten und diese anschließend zu bewerten (Yin 2009).

Inhaltlich wird dabei auf die Ausgangslage, die Stakeholder, sowie die Zusammenarbeit und den Einführungsprozess eingegangen. Zu jeder Fallstudie werden zwei Expert/inneninterviews durchgeführt um Zusammenhänge und kritische Erfolgsfaktoren zu identifizieren. Durch die daraus resultierende Datenerhebung sollen, im Sinne der qualitativen Sozialforschung, die individuellen Situationen gegenübergestellt und neue Erkenntnisse erzielt werden (Yin 2009).

1.4 Aufbau der Arbeit

Diese Masterarbeit ist in sieben Kapitel unterteilt und wird in einen theoretischen und einen empirischen Teil gegliedert. Kapitel eins leitete die Masterthesis ein und beschreibt deren Problemstellung und die Zielsetzung. Aufbauend zu der als Ausgangslage definierten Problemstellung wird die daraus abgeleitete Forschungsfrage festgelegt, sowie der Aufbau der vorliegenden Arbeit vorgestellt. Abschließend wird die methodische Vorgehensweise kurz beschrieben.

In Kapitel zwei werden theoretische und konzeptionelle Grundlagen der Arbeit erläutert. Dazu werden auf Basis einer systematischen Literaturarbeit von unterschiedlichen Quellen wesentliche Begrifflichkeiten definiert und abgegrenzt. Die in Kapitel eins definierte Forschungsfrage grenzt das Themengebiet auf den österreichischen Bankensektor im Privatkundengeschäft ein, welcher zu Beginn des Kapitels zwei vorgestellt wird. Dabei wird insbesondere auf die Herausforderung der Digitalisierung in der Finanzbranche eingegangen. Anschließend wird der Begriff Fintech als Kernpunkt dieser Arbeit definiert und ein Marktüberblick gegeben. Um die Unterschiede, aber auch Abhängigkeiten von Banken und Fintechs aufzuzeigen wurde im Unterkapitel 2.3 eine Gegenüberstellung in Form einer Tabelle vorgenommen. Kooperationen haben sich in der Praxis bereits in unterschiedlichen Ausprägungen bewährt. Da es eine Vielzahl von Kooperationsansätzen gibt, werden diese in Kapitel 2.4 vorgestellt und abgegrenzt. Abschließend werden in diesem Kapitel noch Erfolgsfaktoren kurz beschrieben.

Über Fintechs wurde in den letzten Jahren viel diskutiert und publiziert. Ebenso konnte man in den Medien die Entwicklung des Fintech Sektors und Kooperationen zwischen Banken und Jungunternehmen im deutschsprachigen Raum mitverfolgen. Diesbezüglich zeigt Kapitel drei ausführlich den aktuellen Forschungsstand auf.

Die zu Beginn beschriebene methodische Vorgehensweise wird im Kapitel vier detailliert angeführt. Dazu wird die Multiple Case Study als empirische Untersuchungsmethode erläutert und das Forschungsdesign dieser Masterarbeit grafisch dargestellt. Die empirische Untersuchung beinhaltet auch die Auswahl der behandelten Fälle, sowie die ausgewählten Expert/innen der durchgeführten Interviews als empirische Datenerhebung. Danach wird auf die Durchführung der Interviews eingegangen und die gebildeten Kategorien für deren Auswertung angeführt.

Die Multiple Case Study als Forschungsmethode bildet die Basis und Struktur der empirischen Untersuchung. Da die vorliegende Arbeit in Zusammenarbeit mit einer österreichischen Bank erfolgt, wird diese zu Beginn des Kapitels fünf kurz vorgestellt. Der Kern der Untersuchung bilden drei Kooperationen mit Fintechs, welche in diesem Abschnitt in den Unterkapiteln beschrieben werden. Die Auswertung der Expert/inneninterviews erfolgt ebenso in Kapitel fünf, welches durch Unterkapiteln strukturiert wurde.

Anschließend werden in Kapitel sechs die erzielten Ergebnisse zusammengefasst, interpretiert und dargestellt, sowie die Forschungsfrage explizit beantwortet. Abschließend folgt in Kapitel sieben ein Resümee des Autors und ein Ausblick für dieses Forschungsgebiet.

2 Theoretische Grundlagen und Definitionen

In diesem Kapitel werden die Grundlagen und Betrachtungen dieser Arbeit dargestellt. Dazu wird zunächst der österreichische Bankensektor erläutert und dieser im Privatkundengeschäft abgegrenzt. Dabei wird ebenso auf die neue Marktsituation in Österreich eingegangen. Anschließend wird der Begriff Fintech definiert und eingeordnet, sowie ein Marktüberblick gegeben und ihre Arbeitsweise beschrieben. Als Fazit befindet sich in Kapitel 2.3 eine Gegenüberstellung von Banken und Fintechs.

Da sich die vorliegende Arbeit mit Kooperationen beschäftigt, werden in einem Unterkapitel sechs Kooperationsansätze beschrieben. Zuletzt wird noch auf die Definition von kritischen Erfolgsfaktoren eingegangen, welche das Ziel der empirischen Forschung bilden.

2.1 Österreichischer Bankensektor im Privatkundengeschäft

> „Banken sind ein zentraler Bestandteil der realwirtschaftlichen Wertschöpfung und prägen den in entwickelten Volkswirtschaften mittlerweile vorherrschenden Dienstleistungssektor. [...] Während Banken ihre Aufgaben über Jahrhunderte verhältnismäßig stabil ausgeübt haben, ist insbesondere mit dem Aufkommen der Informationstechnologie (IT) in diesem stark von Information bestimmten Bereich ein erheblicher Wandel festzustellen." (Alt/Puschmann 2016, V).

Banken sind dynamische Systeme und bieten Produkte und Dienstleistungen für Finanzierungen, Geldanlagen, Zahlungsverkehrsabwicklungen und Beratungen an (Becker 1997). Die Niedrigzinsphase dauert an und zunehmende Regulierungen zeigen Banken ihre Grenzen auf. Die Digitalisierung bringt ebenso eine Veränderung, als auch neue Geschäftsmodelle mit sich. Jedoch gilt dies auch für oftmals branchenfremden Marktmitbewerber/innen, welche den gesamten Markt unter Druck setzen könnten. In Hinblick auf PSD2 und den im Laufe des Jahres 2019 vermuteten Markteintritt internationaler Technologiekonzerne in den österreichischen Finanzsektor, gilt es neue Wege einzuschlagen (IT Finanzmagazin 2018b).

Kund/innen erwarten sich eine bedarfsgerechte Beratung. Finanzprodukte erscheinen oftmals als komplex und müssen dem/der Kund/in transparent und verständlich vermittelt werden. Neben Prozessoptimierungen bieten neue Technologien auch neue Produkte und Wege der Kundeninteraktion. Hier können unter anderem kontaktloses Bezahlen, sowie Vermittlungsplattformen als Beispiele genannt werden (Seidel 2017).

Der ständige Zugang zum Internet und das Smartphone als allgegenwärtiger Begleiter ist in unserem Alltag bereits integriert und änderte unsere Art der Kommunikation und Interaktion. Dadurch haben auch Direktbanken mit einem reinen online-Auftritt einen direkten Zugang zu Kund/innen und sind nicht zwingend auf ein Filialnetzwerk angewiesen. Während ein etabliertes Filialnetz den Vorteil des vertrauten und direkten Kontaktes mit sich bringt, darf der dadurch einhergehende Preisdruck im Vergleich zu Onlinebanken nicht außer Acht gelassen werden (Seidel 2017).

Neben dem Wettbewerbsdruck und dem geänderten Kundenverhalten steigen die erforderlichen Aufwände an Regulatorik, welche keinen direkten ertragsorientierten Bezug aufweisen und einen hohen Bedarf an finanziellen und personellen Ressourcen beanspruchen. Ein weiterer Einflussfaktor stellt die Personalsituation in Banken dar. Digitalisierte Prozesse erfordern ein spezielles fachliches und technisches Wissen, welches man zum Teil intern besetzen sollte. Daher muss sich eine Bank auch als attraktiver Arbeitgeber präsentieren (Seidel 2017).

Viele österreichische Banken setzen auf eine Multi-Channel Strategie und richten ihren Vertrieb auf mehrere Kanäle, um ihre Produktpalette in Filialen, Customer Care Center oder online anzubieten. Auch wenn die Bedeutung digitaler Kanäle gewachsen ist, erwarten sich Kund/innen auch zusätzliche Möglichkeiten um mit ihrer Bank in persönlichen Kontakt zu treten. Somit können Universalbanken auch eine breite Kundenbasis verzeichnen und sowohl Privat-, als auch Firmenkund/innen bedienen. Hier stellt sich die Herausforderung an technischen und organisatorischen Veränderungen um kanalübergreifend ein konsistentes Markenerlebnis zu ermöglichen. Um Flexibilität und eine ständige physische Erreichbarkeit zu bieten, wurden in Filialen Selbstbedienungsterminals eingeführt. Hier können Kund/innen außerhalb der Öffnungszeiten - neben Überweisungen und Bargeldbehebungen - auch Kontoauszüge anfordern. Als Ausbaustufe versuchen solche Banken eine Omnikanalstrategie zu etablieren. Dabei werden die Kundendaten über mehrere Kanäle bereitgestellt und in die Prozessschritte integriert. Hierbei sollen einzelne Kommunikations- und Vertriebskanäle übergreifend und in Echtzeit miteinander verknüpft sein (Brühl/Dorschel 2018). Dank digitaler Produkte und Interaktionsmöglichkeiten können Kund/innen dadurch selbst entscheiden wann und wie sie mit ihrer Bank in Verbindung treten möchten. Die persönliche Beratung mit dem/der vertrauten Kundenbetreuer/in bleibt jedoch bei komplexen Fragestellungen weiterhin möglich (Brock/Bieberstein 2015).

Die vorliegende Arbeit handelt von einer österreichischen Universalbank, konzentriert sich jedoch auf den digitalen Privatkundenbereich. Dieser bearbeitet standardisierte Dienstleistungen wie den Zahlungsverkehr oder die Kreditvergabe (Alt/Puschmann 2016).

2.1.1 Digitalisierung in der Finanzbranche

Die Digitalisierung bringt neue Erwartungen der Kund/innen, aber auch neue Möglichkeiten für Banken mit sich, um den finanziellen Alltag der Kundschaft effizient gestalten zu können.

Trotz einer ausgereiften Regulierung der Finanzbranche, fehlen oftmals passende Rahmenbedingungen für neue Technologien. Insbesondere im Bereich virtueller Währungen und Blockchain-Technologien entstehen Herausforderungen in den Bereichen Geldwäscheprävention und Terrorismusfinanzierung. Aufgrund einer weltweiten Vernetzung und der Anonymität der Kund/innen fehlt oftmals die benötigte Kontrollmöglichkeit (Hauser-Spühler 2017).

Als zukünftiger Innovationstreiber wird auch das aufkommende Ökosystem im Finanzsektor angesehen. Analog zu Reiseangeboten, welche durch Bewertungen profitieren, ist auch in der Finanzbrache ein Netzwerkeffekt unterstützend. Als Vorzeigeunternehmen in der Informationstechnologie (IT) Branche wird Apple mit seinen Plattformen iTunes und App Store erwähnt, bei denen Partner/innen auf der ganzen Welt eine breite Produktpalette anbieten (Sustala 2012).

Das Verhalten der Kund/innen hat sich durch digitale Produkte radikal verändert. Nur zwei Prozent der Kund/innen führen Transaktionen wie Überweisungen in einer Filiale durch. Der Großteil greift dafür auf digitale Lösungen zurück. Nur bei längerfristigen Entscheidungen wie z.B. Kredite, wird von den Österreicher/innen ein Filialbesuch und eine damit verbundene persönliche Beratung bevorzugt. Hier erfreuen sich die österreichischen Kund/innen zu den Ländern mit der höchsten Bankendichte Europas zu zählen. Allerdings fokussieren sich Universalbanken ebenso auf eine digitale Präsenz und ein reduziertes Filialnetz. Banken müssen daher ein jederzeit verfügbares digitales Angebot bieten, sowie ein Filialkonzept basierend auf dem Kundenwunsch nach Beratung etablieren (Deloitte 2018).

Durch vermehrte Mitbewerber/innen hat sich auch das Produktangebot vergrößert, welches online mit anderen verglichen werden kann und den Kund/innen einen transparenten Preisüberblick bietet. Aber auch die Präsenz in sozialen Netzwerken hat Einfluss auf Entscheidungen, bildet Meinungen und Empfehlungen (Brock/Bieberstein 2015). Daraus lässt sich schließen, dass sich die Interaktion zwischen Banken und Kund/innen mit neuen Technologien bereits verändert hat und das Privatkundengeschäft einem erhöhten Wettbewerb ausgesetzt ist.

Bei der Durchführung einer digitalen Transformation und dem Anbieten neuer Produkte und Prozesse, stehen Banken seitens ihrer Infrastruktur vor einer Hürde. In vielen Fällen liegt eine veraltete, sowie heterogene IT-Architektur vor. Diese besteht unter anderem auch aus mehreren unterschiedlichen Softwareprodukten, welche durch eine Vielzahl von Schnittstellen-Anbindungen in der IT-Landschaft verbunden sind. Der Umbau der operativen Altsysteme in modulare und skalierbare Systeme ist demnach auch mit hohen Kosten und personellen Aufwänden verbunden (Brühl/Dorschel 2018).

Innovationsmanagement ist im Zuge der digitalen Transformation auch bei Banken zu einem zentralen Erfolgsfaktor geworden. Neben dem Einsatz neuer Technologien sollte der Fokus insbesondere auf eine Neuausrichtung des strategischen Denkens und Handeln der Banken liegen.

2.1.2 Innovationen in der Finanzbranche

Geprägt von regulatorischen Anforderungen, neuen Technologien wie Blockchain, sowie neuer Marktteilnehmer/innen steigt der Innovationsdruck von Banken. Etablierte Finanzinstitute werden zum Handeln gedrängt (Smolinski et al. 2017).

> „In Märkten lebensfähig zu bleiben, hängt von der Fähigkeit eines Unternehmens ab, zu konkurrieren. Die dazu notwendigen Wettbewerbsvorteile entstehen oft aus der Fähigkeit, neue Produkte zu generieren." (Knack 2006, 38).

Die Frage ob Technologiekonzerne auch mit eigenen Finanzprodukten Fuß fassen möchten, wurde schon beantwortet. Google Pay ist bereits in Deutschland vertreten und Apple wird demnächst auch im österreichischen Markt starten. Hierbei ist beachtlich, dass Apple bereits 2014 seine erste Zahlungsdienstlösung in den USA gestartet und bereits nach drei Tagen eine Million Kreditkarten für Apple Pay als mobiles Bezahlsystem freigeschalten hat. Auf Grund der Verbreitung diverser Smartphone-Betriebssysteme, müssen digitale Lösungen neben Computern auch auf allen mobilen Endgeräten funktionieren. Google und Apple verzeichnen hier neben den digitalen Reichweiten auch internationale Marktzugänge als Basis für einen erfolgreichen Einstieg im deutschsprachigen Raum. Während etablierte Banken, Kund/innen hohes Vertrauen und Zuverlässigkeit entgegenbringen, haben Technologiekonzerne wie Google, Amazon, Alibaba, Apple und Facebook einen größeren Daten- und Informationsstand. Banken haben keine konkreten Informationen über das Verhalten, sowie die Geodaten ihrer Kund/innen. Diese Technologiekonzerne haben sich hier als internationale Vorreiter und agile Unternehmen bewährt. Dies sind auch Eigenschaften von Fintechs. Allerdings hat GAFA in den Augen der Kund/innen auch die Seriosität eines etablierten Unternehmens (Seidel 2017).

Neben den Konzernen werden Banken auch durch Fintechs unter Druck gesetzt. Diese Jungunternehmen bieten kostengünstige und innovative Geschäftsmodelle als Alternativen an (Brühl/Dorschel 2018). Innovationen in Form von neuen Geschäftsmodellen, Produkten oder Services werden zu einem kritischen Erfolgsfaktor von Banken, um ihre etablierte Marktposition aufrecht erhalten zu können. Um Innovationen generieren und systematisch bearbeiten zu können, setzen auch Banken vermehrt auf Innovationsprozesse (Smolinski et al. 2017). Ein

Innovationsprozess orientiert sich an Phasen wie Ideengenerierung, Bewertung, Priorisierung und deren Umsetzung. Das Management von Ideen erhält von Banken einen immer höheren Stellenwert (Vahs 2013).

2.2 Fintech – Definition und Merkmale

Fintechs haben die Digitalisierung für sich genutzt und neue Angebote auf den Markt gebracht. Um auf die Kundenerwartungen einzugehen unterzieht sich der Bankensektor einem Wandel. Dahingehend werden neue Strategien entworfen und Banken technologisch weiterentwickelt.

Es liegt analog zu Startups keine konkrete Definition von Fintechs vor:

> „Als Kombination aus den Worten „Financial Services“ und „Technology“ versteht man unter FinTechs gemeinhin junge Unternehmen, die mit Hilfe technologiebasierter Systeme spezialisierte und besonders kundenorientierte Finanzdienstleistungen anbieten. FinTechs folgen damit dem Trend zur Digitalisierung und Personalisierung und treiben gleichzeitig den digitalen Fortschritt im Finanzmarkt voran.“ (BaFin 2016).

Schueffel definiert den Term Fintech als „a new financial industry that applies technology to improve financial activities“ (Schueffel 2016, 45). Somit handelt der Term Fintech von Jungunternehmen mit eigenen Softwarelösungen, gefolgt von innovativen Produkten, Dienstleistungen und Prozessen in der Finanzindustrie. Fintechs verfolgen das Ziel bestehende Angebote zu verbessern und zu ergänzen, sowie den Kund/innen ein hohes Maß an Komfort und Effizienz zu bieten. Sie sorgen für Innovationen im Finanzbereich, welche an technologische Weiterentwicklung gekoppelt sind.

Analog zu anderen Jungunternehmen kennzeichnen sich auch Fintechs durch agile Unternehmensprozesse und die Nutzung digitaler Technologien, um Innovationen hervorzubringen. Dank ihrer Unternehmensgröße, welche keine starren Prozesse mit sich bringt, lässt sich eine schnelle Handlungsfähigkeit der Organisation ermöglichen (Gomber et al. 2017).

Fintechs fokussieren sich bereits auf viele Geschäftsbereiche der Banken und bieten unter anderem auch schnelle Bezahllösungen, automatisierte Vermögensverwaltungen, Kreditvergaben und mobiles Banking an Privatkund/innen an. Diese Services sollen vereinfacht dargestellt und abgewickelt werden können. Banken haben oftmals starre Zahlungsabwicklungen und können Transaktionen nicht in Echtzeit abbilden. Diese Schwäche haben Fintechs erkannt und spezialisieren sich oftmals auf innovative Lösungen im Zahlungsverkehr. Jedoch scheitern Fintechs noch in anderen Leistungsbereichen, wie beispielsweise dem privaten Kreditgeschäft. Lösungen wie die Kreditvergabe zwischen Privatpersonen konnten sich am österreichischen Markt noch nicht durchsetzen (Brock/Bieberstein 2015).

Neben Nischenmärkten gibt es bei Startups im Finanzbereich bereits ein Erkennungsbild hinsichtlich deren Verteilungen nach Anwendungsgebieten. Im deutschsprachigen Raum (Österreich, Deutschland, Schweiz) dominiert die Kreditvergabe zwischen einem Finanzierungsinstitut und dem/der Kund/innen mit mehr als der Hälfte. Darauffolgend mit 26 Prozent fokussieren sich Fintechs auf den digitalen Zahlungsverkehr. Jedoch ist im Bereich Personal Finance Management (PFM) in den letzten Jahren ein Anstieg zu verzeichnen, welcher 2014 mit nur zwei Prozent Anteil fand. Hierbei handelt es sich um die visuelle Darstellung der finanziellen Situation individuell für den/die Kund/in (Statista 2014).

Banken sind für Fintechs jedoch nicht nur Mitbewerber/innen, sondern auch potentielle Partner/innen. Fintechs können einzelne Elemente der Wertschöpfungskette abbilden oder diese erweitern (Brühl/Dorschel 2018). Weitere Vorteile werden im Kapitel 2.3 dargestellt.

2.2.1 Fintech - Marktüberblick

Regulatorische Bestimmungen wie PSD2 werden 2019 die Markteintrittsbarrieren erleichtern. Dies verschafft Fintechs, sowie Konzernen und branchenfremden Unternehmen einen Vorteil (Deeken/Fuchs 2018).

Auf Grund des Anstiegs an Fintechs im deutschsprachigen Raum und ähnlich wie in asiatischen Ländern hat auch die österreichische Regierung den Handlungsbedarf erkannt und setzte Ende 2018 einen wichtigen Schritt. Dazu wird man 2019 gemeinsam mit österreichischen Konzernen, der Wirtschaftskammer und der Wiener Börse mehrere Länder besuchen. Einerseits haben Regierungen weltweit das Problem, dass sich digitale Technologien rasant entwickeln (hodoschek 2018), andererseits möchte Hartwig Löger, österreichischer Bundesminister für Finanzen „[…] das Potenzial von FinTechs zu nutzen und trotzdem die Sicherheit des Finanzsystems zu gewährleisten.“ (hodoschek 2018). Um Innovationen im Finanzsektor zu ermöglichen und Technologiekonzernen Grenzen aufzeigen zu können, überlegt auch Österreich eine Einführung der Digitalsteuer. Dadurch soll vermieden werden, dass GAFA an diesem Markt profitiert, jedoch kaum Steuern an Österreich abtreten muss (o.A. 2018).

Der deutschsprachige Raum etablierte sich mittlerweile zu einem attraktiven Umfeld für Fintechs. In Deutschland wurden 2018 fast 800 Fintechs identifiziert (comdirect 2018). Dabei dominiert die Fintech-Kategorie der sogenannten Proptechs. Dies sind Jungunternehmen mit digitalen Lösungen für die Immobilienbranche. Sie stellen den größten Fintech Sektor in Deutschland dar (Donati 2018). Im Bereich Blockchain und Kryptowährungen gilt die Schweiz, hinsichtlich der attraktiveren Rahmenbedingungen, als Vorreiter (Ankenbrand et al. 2018).

Eine Kooperation ist die „Zusammenarbeit unterschiedlicher Intensität, zeitlicher Dauer und Zielrichtung zwischen rechtlich selbstständigen Unternehmen. Kooperationspartner können dabei sowohl Wettbewerber, d.h. Unternehmen der gleichen Wirtschaftsstufe als auch Unternehmen einer anderen Wirtschaftsstufe sein." (Gabler Wirtschaftslexikon, online). Ende 2018 konnte eine Studie bereits 850 Kooperationen zwischen Banken und Fintechs in Deutschland verzeichnen. Operative Kooperationen ohne finanzielle Beteiligungen wie Risikokapital sind bei bisherigen Kooperationen an erster Stelle. Darunter fallen auch externe Technologieverwertungen. Banken erwarten sich ein Produkt zur Effizienzsteigerung oder zur Basis für Folgeinnovationen. Interessanterweise ist ein Wachstum bei Kooperationen zwischen Fintechs ebenfalls zu erkennen. Aber auch Kooperationen zwischen Fintechs und anderen Unternehmensbereichen wie Medienunternehmen haben sich entwickelt (PwC 2018).

2.2.2 Neue Arbeitsweisen in der Produktentwicklung

Nicht nur moderne Technologien zählen zu den Erfolgskriterien von Fintechs. Insbesondere die Arbeitsweise ist für ihren Erfolg ausschlaggebend. Demnach versuchen auch traditionelle Banken sich an neuen Produktentwicklungsmethoden wie Design Thinking oder Scrum zu orientieren. Um eine schnellere Produktplatzierung auf dem Markt erreichen zu können setzt auch die behandelte Bank auf die agile Vorgehensweise Scrum. Mittels multifunktionaler Teams mit einer Eigenverantwortung über abgestimmte Abläufe und der benötigten Nähe zu den Kund/innen soll dies im Arbeitsalltag etabliert werden. Fintechs haben auf Grund ihrer Unternehmensgröße den Vorteil eine agile Arbeitsweise ausüben zu können. Diese wird auch von Banken angestrebt, was jedoch einen langen Änderungsprozess mit sich bringt. Ziel ist es innerhalb der Organisation flexibel und kundenorientiert handeln zu können. Dies baut auf einer schlanken Organisationsgestaltung auf. Demnach wird dies oftmals mit Jungunternehmen assoziiert (Deeken/Fuchs 2018).

Auch wenn Fintechs oftmals frühzeitig an ihr finanzielles Limit gelangen, können sie dank ihrer Agilität mit dem Markt mithalten. Dank moderner Technologien und kostengünstiger Bearbeitungswerkzeuge kann in kurzer Zeit ein kostengünstiger Prototyp eines Produkts entwickelt werden (Berdak 2016).

Neben agilen Methoden wie Scrum ist die generelle Denkweise und die Unternehmensphilosophie ein Bestandteil der Agilität von Fintechs. Dadurch sind für Banken nicht nur neue Produkte oder Dienstleistungen, sondern auch die Art und Weise wie zusammengearbeitet wird interessant und für einen Erfolg ausschlaggebend. Banken benötigen Agilität als Fähigkeit in den dynamischen Umfeldbedingungen flexibel und anpassungsfähig agieren zu können. Neben raschen Entscheidungswegen muss auch die Produktentwicklung auf geänderte Kundenbedürfnisse reagieren können (Deeken/Fuchs 2018).

2.3 Gegenüberstellung von Banken und Fintechs

Banken und Fintechs verfügen über komplementäre Werte, welche sich für beide Seiten gewinnbringend kombinieren lassen. Etablierte Banken besitzen eine ausgeprägte Basis hinsichtlich Regulatorik, Risikomanagement, Infrastruktur, Kundenstamm und die Vertrauensbasis dazu. Fintechs hingegen profitieren mit ihrer Agilität und liefern ihren Kund/innen in kürzeren Zyklen digitale und innovative Produkte. Eine Zusammenarbeit hätte kulturelle und finanzielle Vorteile für beide Unternehmen (Berdak 2016). Dies soll in der folgenden Tabelle nochmals strukturiert gegenübergestellt werden.

Bereich	Bank	Fintech
Informationstechnologie (Brühl/Dorschel 2018)	Veraltete Infrastruktur und vielseitige Systemlandschaft	Hohe Kompetenzen basierend auf neuen Technologien und schlanken Architekturen
Kundenservice (Brühl/Dorschel 2018)	Kernkompetenz Auf mehreren Kanälen möglich Eigene und geschulte Unternehmenseinheit	Erst in einem späteren Stadium effizient möglich Umfangreiche Kundendaten bieten eine gute Basis
Dynamik (Deeken/Fuchs 2018)	Bestehende Denkmuster sollen verlassen werden Agile Methoden werden etabliert Multifunktionale Teams werden aus den starren und hierarchischen Organi-	Durch das Denken in Minimum Viable Products sind Fintechs mit ihren Produkten schneller am Markt Kurze Entscheidungswege dank einer schlanken, oft weniger hierarchischen Organisationsform Kleine, multifunktionale Teams verantworten die

	sationsstrukturen herausgenommen und Eigenverantwortungen toleriert	gesamte Produktentwicklung Die Mitarbeiter/innen haben viele Freiheiten und arbeiten weitgehend selbstorganisiert
Kundenstamm (Berdak 2016)	Ausgewogener Kundenstamm Mehrere Zielgruppen	Kleinere Zielgruppe Meist Digital Natives
Kapital (Oswald/Krcmar 2018)	Investitionen durch hohe Liquidität begünstigt	Begrenztes Eigenkapital Abhängig von Investoren
Markt (Brühl/Dorschel 2018)	Vertrauen der Kund/innen gegeben Etablierte Marke Langjährige Erfahrung	Skepsis gegenüber Jungunternehmen und der privaten Vermögensverwaltung Weniger Kundenvertrauen ohne Banklizenz und Einlagensicherung
Umgang mit regulatorischen Anforderungen (Berdak 2016)	Umfangreiches Netzwerk und interne Expert/innen vorhanden	Fehlende Erfahrungen und Expertisen bringen Ungewissheit und Risiko mit sich Oftmals nicht notwendig da keine Bankenlizenz vorhanden
Attraktivität als Arbeitgeber (Seidel 2017)	Sicherheitsbewusstsein Viele Möglichkeiten Neues Rollenbild entsteht während der Transformation zu einer agilen Organisation	Attraktives und agiles Arbeitsumfeld mit vielen Möglichkeiten Risiko durch ungewisse Erfolgsaussichten
Attraktivität gegenüber den Kund/innen (Brühl/Dorschel 2018)	Attraktive und vielseitige Produkte sind mit der Herausforderung verbunden für alle Zielgruppen interaktiv aufgebaut zu werden Oftmals als Multi- oder Omni-Channel Bank tätig	Einfach zu verwendende und innovative Produkte schaffen ein neues Nutzererlebnis
Produktportfolio (Brühl/Dorschel 2018)	Abdeckung mehrerer ausgereifter Produkte in verschiedenen Kategorien	Meistens nur ein Produkt im Entwicklungsstadium

Tabelle 1: Gegenüberstellung von Banken und Fintechs (eigene Darstellung)

Es lassen sich in einigen Bereichen Analogien, sowie Gegensätze und damit Potential an einer Kooperation identifizieren. Um generell aktiv in diesen Markt eintreten zu können ist für viele Geschäftsmodelle eine Banklizenz notwendig. Eine Lizenz und die damit verbundenen regulatorischen Anforderungen abzudecken ist für Fintechs ein schwieriger Weg. Allerdings können sie damit unabhängig ihre Ideen entwickeln und sind auf kein anderes Finanzinstitut angewiesen (Alt/Puschmann 2016).

2.4 Kooperationsansätze

Innovationen sind ein wichtiger Faktor für den zukünftigen Erfolg von Banken. Fintechs können dabei in Form von Kooperationen eine wichtige Rolle spielen. Durch den Zukauf externer Dienstleistungen oder Produkte kann sich eine Bank auf ihre Kernkompetenzen fokussieren. Mit erfolgreichen Kooperationen können Produkt- und Innovationszyklen verkürzt und Vorteile der Unternehmensentwicklung generiert werden. Technologisch komplexe Innovationen können häufig nicht mehr von nur einem Unternehmen generiert und entwickelt, sowie erfolgreich am Markt eingeführt werden. Daher werden Kooperationen in Zukunft zu einem wesentlichen Erfolgsfaktor zählen. Insbesondere in Industrien mit dynamischen technologischen Entwicklungen steigt der Druck, rechtzeitig Innovationen hervorzubringen (Kotzab/Teller 2003).

Kooperationen handeln von beteiligten Unternehmen, welche eine Beziehung eingehen und das gemeinsame Ziel verfolgen eine betriebliche Aufgabe zu lösen. Durch eine zweckgerichtete Zusammenarbeit sollen gemeinsame Ziele erreicht werden, indem Ressourcen und Kompetenzen mehrerer Unternehmen gebündelt werden (Hagenhoff 2008). Unternehmen arbeiten zusammen und absolvieren dies durch eine Herauslösung von Teilaufgaben (Tintelnot et al. 1999).

Es gibt eine Vielzahl von unterschiedlichen Formen wie Unternehmen eine Kooperation eingehen können. Eine beliebte und in der Praxis bewährte Form wäre ein Joint Venture, sowie strategische Allianzen zu bilden. Bereits in den 1980er Jahren entstanden erfolgreiche Kooperationen in Form eines Zuliefernetzwerkes in der Automobilindustrie (Hagenhoff 2008). Vergleichsweise zu den folgenden Kooperationsmöglichkeiten ist ein Joint Venture eine kostenintensive Variante. Allerdings hat sich diese in der Praxis bereits bewährt, wenn Unternehmen ihre Produkte und Dienstleistungen verbessern möchten und dazu Lösungen von Startups integrieren und gemeinsam an neuen Lösungen arbeiten möchten (Berdak 2016).

Kooperationen sind von strategischer Bedeutung und können einen Wettbewerbsvorteil erzielen. Ebenso haben sie einen Einflussfaktor auf den Innovationsprozess im Unternehmen. Neben den bereits gängigen Kooperationsformen wie im Bereich Forschung und Entwicklung, sollen in der vorliegenden Arbeit Kooperationen in Form einer externen Technologieverwertung als Möglichkeit aufgezeigt werden (Buse 2000). Sobald jedoch technologische Entwicklungen das Unternehmen verlassen und eine Kooperation eingegangen wird, gilt es aufkommenden Herausforderungen entgegenzuwirken (Gerybadze 2004). Als Basis kann eine rechtliche Abgrenzung der Teilgebiete dienen. Dennoch ist bei der Zusammenarbeit zwischen Unternehmen der Aufwand des Wissenstransfers nicht zu unterschätzen. Je enger die Mitarbeiter/innen der Unternehmen miteinander arbeiten und am selben Standort tätig sind, desto effizienter kann dieser Transfer auch während der Kooperation ermöglicht werden (Schuh/Klappert 2011). Ein Erfolgsfaktor einer erfolgreichen Kooperation ist die Koordination unternehmensübergreifender Teams. Ein nicht ausreichender Koordinationsaufwand ist ein Risiko und kann ein Projekt oder die gesamte Kooperation zum Scheitern bringen (Gerybadze 2004).

Die regulatorischen Anforderungen der zweiten Zahlungsdiensterichtlinie bringt bereits 2019 eine signifikante Änderung hinsichtlich potenzieller Kooperationen zwischen Banken und Fintechs mit sich. Die Richtlinie PSD2 sieht vor, dass Banken auf Kundenwunsch auch Drittparteien über technische Schnittstellen Zugang zu Kundenkonten gewähren müssen. Zusätzlich zu dem Zugriff auf Kontoinformationen müssen auch Zahlungsdienste ausgelöst werden können. Neben dem Risiko des Kundenverlustes, bietet sich die Chance Angebote von Fintechs zu ergänzen (Brühl/Dorschel 2018). Nun möchte auch die österreichische Regierung Innovationen im Finanzsektor fördern und Regulierungen adaptieren. Bereits 2019 soll es hier eine neue Ausrichtung, insbesondere im Fintech Bereich, geben. Die sogenannte „Regulatory Sandbox" bietet die Möglichkeit, dass Jungunternehmen ihre Produkte und Geschäftsmodelle unter Aufsicht der Finanzmarktaufsichtsbehörde (FMA) testen und weiterentwickeln. Fintechs können dadurch für einen begrenzten Zeitraum ihre Technologien mit realen Kund/innen testen, sofern sie über eine Konzession der FMA verfügen. Dadurch soll ein moderner rechtlicher Rahmen geschaffen werden und Österreich als attraktiver Standort für Neugründungen von Fintechs und technologischen Entwicklungen etabliert werden (hodoschek 2018). Diese Vorgehensweise hat sich in der Praxis bereits in Großbritannien bewährt. Dort wurden bereits 2015 Fintechs in Australien und Großbritannien bei ihren Entwicklungen und dem Markteintritt unterstützt (Hauser-Spühler 2017). Die Bemühungen der österreichischen Regierung konnten auch bereits die ersten Anerkennungen verzeichnen. Das internationale Finanzinstitut der Hochschule Luzern reihte Österreich 2018 auf Platz 15 in ihrer Fintech-Bewertung ein. Gemessen wurden die Länder anhand der Einflussfaktoren Politik, Ökonomie, Soziologie und Technologie. Somit hat Österreich bereits attraktive Technologie Hot-Spots wie Tokio, Shanghai und Tel Aviv in diesem

Bereich überholt (Ankenbrand et al. 2018). Sowohl PSD2, als auch die geplante Regulatory Sandbox bieten Banken eine neue Möglichkeit und eine attraktive Basis für Kooperationen mit Fintechs.

Neben den Regierungsplänen gibt es in Österreich auch weitere Institute zur Förderung von Fintechs und deren Entwicklung. Die Fintech Austria ist ein Verein zur Förderung des Fintech-Sektors in Österreich um diese Jungunternehmen am Standort Österreich zu unterstützen. Unter den bereits über 30 Mitglieder/innen befinden sich neben erfolgreichen Fintechs auch etablierte Banken. Es ist daher ein beidseitiges Interesse an Kooperationen in Österreich abzuleiten (fintechaustria 2018).

Die folgenden Unterkapiteln sollen sechs unterschiedliche Kooperationsmodelle aufzeigen. Auf Grund der in Kapitel eins aufgezeigten Problemstellung, sowie referenzierend zum aktuellen Forschungsstand, wurden diese Kooperationsmodelle als Vergleich gewählt. Dabei handelt es sich um White-Label Lösungen, den Verweis, Incubator- und Accelerator-Programme, Risikokapitalfinanzierung, sowie die externe Technologieverwertung. Im empirischen Teil dieser Masterarbeit wird insbesondere auf den Verweis und die externe Technologieverwertung eingegangen.

2.4.1 White-Label Lösungen

Eine beliebte Kooperationsform zwischen Banken und Fintechs sind White-Label Lösungen. Während Banken eine etablierte Marke und somit auf anerkannte Reputation bei ihren Kund/innen vertrauen können, haben Fintechs aufgrund ihrer noch beschränkten Ressourcen nicht die notwendigen Mittel dazu. Bei White-Label Lösungen kauft die Bank ein Service oder Produkt eines Fintechs ein und integriert es in ihr Produktportfolio. Daraus resultierend schaffen sie für ihre Kund/innen einen Mehrwert in einer vertrauten Umgebung der digitalen Kanäle ihrer Hausbank. Banken übernehmen in solch einer Kooperation durch eine Lizenz ein Produkt des Fintechs, welches dadurch selbst für den/die Kund/innen nicht sichtbar ist. Ein Fintech würde somit zwar seine finanziellen Mitteln stärken und weitere Erfahrungen machen, allerdings wäre dieser Ansatz nicht reputationsfördernd. Da Fintechs jedoch immer stärker in Medien präsent sind und mit Innovation assoziiert werden, tendiert die Vorgehensweise dazu auch hier in Richtung einer offiziellen Betonung dieser Kooperation (Smolinski et al. 2017). Während der Innovationsgrad der Bank nach außen gehoben wird, profitiert das Fintech von Neukund/innen und einem seriösen auftreten. Ebenso wird eine Umsatzsteigerung bei der Bank und dem Fintech erzielt. Beide Unternehmen müssen sich vorab im Klaren sein ob ihr Produkt als das eigene wahrgenommen werden soll oder man bewusst mit eine/n Drittanbieter/in bei seinen Kund/innen auftreten möchte (Berdak 2016).

Eine alternative Möglichkeit dazu bietet der Verweis. Das bedeutet, dass die Bank auf bestimmte Produkte des Fintechs, mit dem sie kooperiert, verweist. Dadurch lassen sich neue Vertriebskanäle und zusätzliche Einnahmequellen errichten, da die gemeinsame Vermarktung von Produkten auf einer Kooperationsvereinbarung zwischen dem Fintech und der Bank besteht (Berdak 2016).

2.4.2 Incubator- und Accelerator-Programme

Sowohl die Zusammenarbeit, als auch der Aufkauf von Jungunternehmen kann eine Strategie von Banken sein. Jungunternehmen profitieren hierbei von der Möglichkeit schneller wachsen zu können. Incubator-Programme verfolgen das Ziel neue Geschäftsideen zu fördern, sowie zu begleiten und umzusetzen. Während Banken eine gewisse Stabilität mit sich bringen, profitieren diese von der Agilität von Startups (Brock/Bieberstein 2015). Unternehmen können Gründer/innen mit diesem Konzept umfangreich unterstützen. Darunter zählt neben der fachlichen Beratung auch die Bereitstellung der notwendigen Infrastruktur (Smolinski et al. 2017).

Bei einem Accelerator-Programm handelt es sich in der Regel um ein Programm, welches mehrere Monate andauert. Es ist hierbei jedoch mit ungefähr einer Million Euro im Jahr an anfallenden Kosten zu rechnen. Das Unternehmen bietet potenziellen Gründer/innen Mentoring und einen Arbeitsplatz. Accelerator-Programme unterscheiden sich im Gegensatz zu Incubator-Programmen durch eine längere Zeitspanne. Ziel ist hierbei ein fertiges Konzept zu gestalten (Berdak 2016). Banken agieren hier in erster Linie als Mentor von Jungunternehmen (Alt/Puschmann 2016). Ein erfolgreiches Beispiel in Österreich ist das Elevator Lab als Fintech-Accelerator der Raiffeisenbank International. In diesem Programm werden Fintechs sechs Monate lang begleitet und gemeinsam Lösungen zu unterschiedlichen Anwendungsbereichen entwickelt (RBI 2019).

Diese beiden Programme werden vermehrt bei Banken gestartet und als Instrument zur Steigerung des eigenen Innovationspotentiales gesehen. Banken erwarten sich dadurch den Kundenbedarf frühzeitiger erkennen zu können und gewohnte Denkmuster zu verlassen, sowie eine Innovationskultur im Unternehmen zu erschaffen (Smolinski et al. 2017).

2.4.3 Risikokapitalfinanzierung

Eine weitere Art der Kooperation ist der Zugang zu Finanzmitteln. Die Risikokapitalfinanzierung (engl. Venture Capital) ist eine Form von Eigenkapital. Neben der Finanzierung wird dem/der Kapitalnehmer/in auch eine Unterstützung angeboten. Dies ist insbesondere für Fintechs interessant, da sich diese meist noch in frühen Entwicklungsphasen befinden und Schwierigkeiten bei der Kapitalbeschaffung und dem Aufbau eines Netzwerkes haben (Krecek 2005).

Neben der Attraktivität von Banken an neuen Technologien, bringen Jungunternehmen für Kapitalgeber/innen auch Risiken mit sich. Wenn die Produktentwicklung noch nicht abgeschlossen ist kann ein Markterfolg nicht garantiert werden. Ebenso ist der benötigte Kapitalbedarf in einem frühen Stadium schwer abzuschätzen. Fehlende Sicherheiten und beschränkte Möglichkeiten während der Produktentwicklung hindern Jungunternehmen dabei finanzielle Rückflüsse zu erreichen. In diesem Fall bietet sich für Fintechs die Form einer Risikokapitalbeschaffung von Banken an (Buse 2000).

Trotz einer starken Entwicklung dieser Finanzierungsform in den letzten Jahren, gilt Europa noch als ein Kontinent mit einer vergleichsweise geringeren Risikobereitschaft (Bottazzi/Da Rin 2002). Die deutsche Fintech Szene hat im Jahr 2018 eine Rekordsumme an Risikokapital verzeichnet. Seit 2012 wurden fast drei Milliarden Euro in deutsche Fintechs investiert. Dennoch bildet man auch trotz dieser hohen Investitionen das Schlusslicht. Vergleichsweise zu den USA wurde in Europa um zwei Drittel weniger investiert. Aber auch die USA finden sich erst hinter Asien wieder, wo die höchsten Investitionen in Fintechs getätigt wurden. Auch wenn die Neugründungen 2018 vergleichsweise zu den Vorjahren zurückgegangen sind, erreichte das Investitionsvolumen in Deutschland eine Steigerung (comdirect 2018).

2.4.4 Externe Technologieverwertung

Viele Geschäftsmodelle von Fintechs bestehen darin, eigene Produkte in bestehende Prozesse von Banken zu integrieren oder diese zu erweitern (Smolinski et al. 2017). Neben der Finanzierung setzt das Hervorbringen von Innovationen auch ein personen- und organisationsgebundenes fachliches Wissen voraus. Ebenso kann für Jungunternehmen der Vertrieb eine Hürde darstellen. Die Bank kann hier eine Nutzung des bereits etablierten Vertriebssystems bereitstellen und die Eintrittsbarriere in den Markt überbrücken (Buse 2000). Mittels einer Technologieverwertung wird das technologische Potential eines Unternehmens ausgeschöpft, um dem Unternehmen mit seinen Kompetenzen nachhaltig zu unterstützen (Schuh/Klappert 2011).

Das Technologiemanagement ist in zwei Handlungsrahmen unterteilt. Die interne Technologieverwertung konzentriert sich auf den Einsatz von Technologien des jeweiligen Unternehmens. Dagegen werden bei der externen Technologieverwertung Technologien an Dritte übertragen. Bei dieser Vorgehensweise werden organisationsübergreifende Kooperationen, Lizenzvergaben oder Technologieverkäufe und ein systematischer Umgang mit immateriellen Vermögensgegenständen angestrebt. Neben der Suche nach Anwendungsmöglichkeiten der entwickelten Technologie außerhalb des Unternehmens, können auch finanzielle Ressourcen aufgestockt werden (Schuh/Klappert 2011).

Um die entwickelte Technologie über die Unternehmensgrenzen hinaus einsetzen zu können, erteilt man anderen Unternehmen im Zuge einer Kooperation die gemeinschaftliche Nutzung. Durch einen Verkauf oder eines Lizenzmodells können Erträge generiert werden. Zweiteres ist ein vertragliches Abkommen, mit dem der/die Lizenznehmer/in ein Entgelt unter davor definierten Nutzungsbedingungen überträgt. Primär werden bei einer externen Technologieverwertung jedoch strategische Erfolgspositionen des Unternehmens verfolgt (Schuh/Klappert 2011). Für Fintechs könnte jedoch die Vergrößerung des finanziellen Handlungsspielraums das primäre Ziel darstellen. Es kann auch das Ziel verfolgt werden, durch eine externe Technologieverwertung eine strategische Partnerschaft anzustreben und die Technologie weiterzuentwickeln und optimal zu nutzen. Banken können hier in einem bereits laufenden Produktlebenszyklus einsteigen, eine Technologie erwerben und zeitnahe implementieren (Berdak 2016).

Beim Zukauf und der Integration des digitalen Produktes in die eigenen Systeme ist ein Transfer notwendig, um die Nutzung für Dritte zu ermöglichen. Der Technologietransfer ist die interorganisationale Übertragung und die externe Verwertung von Technologien. Dabei geht es vorerst um die Weitergabe von technischem Wissen. Durch einen Technologietransfer werden Technologien und Produkte im Nutzungsgrad gesteigert und wirtschaftliches Wachstum erzielt. Dahingehend unterscheidet man zwischen zwei Arten der Technologietransfermaßnahme. Bei der direkten Transfermaßnahme besteht eine unmittelbare Beziehung zwischen dem/der Transfergeber/in und dem/der Transfernehmer. Bei der indirekten Transfermaßnahme erfolgen alle Formen des Transfers über eine/n Transfervermittler/in. Dadurch können strategische Erfolgspositionen, sowie eigene Stärken und Schwächen ausgeglichen werden. Im empirischen Teil dieser Arbeit wird der Technologietransfer auf der Ebene zwischen verschiedener Unternehmen behandelt (Preissler 2015).

Ziel dieses Arbeitsbereiches war es, bereits in der Praxis bewährte Banken-Fintech Kooperationsmöglichkeiten darzustellen. Diese können in unterschiedlichen Formen ausgeprägt sein.

Dazu zählen produkt-, sowie technologiebezogene Kooperationen. Aber auch Beteiligungskooperationen, sowie die Entstehung von Joint Venture mit Technologieunternehmen bieten eine Basis für gemeinsame Unternehmungen. Durch Kooperationen kann die Finanzkraft eines/einer Partner/in gestärkt, sowie dessen Bekanntheit gesteigert werden. Ebenso können Prozesse optimiert und Risiken gemeinsam getragen werden. Als Fazit lässt sich sagen, dass sich insbesondere im Zuge der Digitalisierung Kooperationen mit anderen Unternehmen als strategischer Wettbewerbsvorteil herausstellen können.

2.5 Kritische Erfolgsfaktoren als Basis einer erfolgreichen Unternehmung

Da das Resultat dieser Masterarbeit unter anderem die Identifikation kritischer Erfolgsfaktoren bei Kooperationen erzielen soll, werden diese kurz erläutert.

Erfolgsfaktoren beschäftigen sich mit der Identifikation von Faktoren, welche den Erfolg oder Misserfolg von Unternehmungen nachhaltig beeinflussen. Sie gehen somit davon aus, dass Erfolg grundsätzlich von nur wenigen Faktoren abhängig ist (Weber/Heidenreich 2018).

> Bei kritischen Erfolgsfaktoren handelt es sich um „Faktoren und Schlüsselgrößen, die für die Erreichung der Gesamtziele einer Unternehmung von zentraler Bedeutung sind. Stimmen diese Faktoren, so wird die Unternehmung als Ganzes erfolgreich sein, zeigen sich dagegen hier Defizite, so beeinträchtigt dies unmittelbar den Gesamterfolg der Unternehmung." (Szczutkowski 2018, online).

Für diese Masterthesis bedeutet das, dass für die Erfolgsbestimmung Parameter definiert werden müssen. Diese können allgemeine Erwartungen und Zielvorstellungen beinhalten. Um die Erfolgsfaktoren auch messen zu können müssen quantitative Parameter definiert werden (Weber/Heidenreich 2018).

Dieses Kapitel hat den theoretischen Teil dieser Arbeit dargelegt. Es wurden dazu auch für dieses Themengebiet relevante Grundlagen und Definitionen beschrieben und Banken mit Fintechs gegenübergestellt. Das folgende Kapitel drei legt den aktuellen Stand der Forschung zu dem besagten Themengebiet dar und leitet die empirische Datenerhebung und deren Ergebnisse ein.

3 Stand der Forschung

Etablierte Unternehmen haben erkannt, dass sie mittels Startups ihre digitale Strategie beschleunigen können. Banken bevorzugen hierbei die Zusammenarbeit durch Hackathons, Accelerator-Programme, sowie durch die Bereitstellung von Risikokapital. Ausschlaggebend dafür waren die Beschleunigung der Produktentwicklung, eine kulturelle Transformation oder eine Rendite nach einer getätigten Investition (Berdak 2016).

Die Autorin Ng zeigt in ihrer Publikation auf, dass am asiatischen Markt bereits erfolgreiche Banken-Fintech Kooperationen absolviert werden konnten. Ein Grund dafür ist, dass beispielsweise der Staat Singapur einen mehrstelligen Millionenbetrag in Fintechs investierte. Es wird ersichtlich, dass solche Kooperationen funktionieren und disruptive Innovationen entstehen können. Ebenso ist das Interesse an Kooperationen seitens der Fintechs sehr hoch. Insbesondere im Bereich Sicherheit- und Risikomanagement finden Fintech-Lösungen vermehrt Anklang. Die Kooperationen erfolgen hier jedoch in erster Linie durch Accelerator-Programme und nicht durch Technologieverwertungen (Ng 2017).

In Europa lässt sich ebenfalls ein Anstieg von Banken durch Risikokapital unterstützte Fintechs verzeichnen. Hierbei gilt England mit 224 durchgeführten Risikokapitalabschlüssen als Vorreiter, gefolgt von Deutschland mit 66 absolvierten Abkommen. Österreichische Banken haben diese Möglichkeit jedoch noch nicht überwiegend fokussiert (Statista 2017). Für die Durchführung dieser Investments, zur Finanzierung von Jungunternehmen, haben Banken aus dem Vereinigten Königreich im Vorjahr 1,8 Milliarden United States Dollar (US-Dollar) eingesetzt. Für Österreich konnten keine Daten dazu evaluiert werden. Als Vergleichswert haben deutsche Banken 331 Millionen US-Dollar an Wagniskapital für das Fintech-Wachstum investiert (Statista 2017). Das durchschnittliche Transaktionsvolumen solcher Investitionen in Europa verzeichnete jedoch im dritten Quartal 2016 im Vergleich zum Vorjahr einen Rückgang auf 4,2 Millionen US-Dollar, was beinahe die Hälfte ist (Statista 2016b). Die in Europa getätigten Gesamtinvestitionen in Fintechs haben im ersten Quartal 2018 den bisher größten Wert erreicht. Neben kostspieligen und mit hohem Risiko verbundenen Investitionen gibt es auch bei Banken im deutschsprachigen Raum ein Interesse an Fintechs als potentielle Kooperationspartner. Allerdings können sich nur 35 Prozent der Banken dies als Alternative vorstellen (Statista 2016a).

Über Fintechs wurde in den letzten Jahren viel diskutiert und publiziert. Gerade im Zahlungsgeschäft, insbesondere im mobilen, ist ein Anstieg von angebotenen Dienstleistungen durch

Fintechs zu erkennen. Daher werden Fintechs oftmals mit mobilen Softwarelösungen im Finanzbereich in Verbindung gebracht. Der dazu bedeutende Faktor für die Akzeptanz potentieller Nutzer/innen von Fintech-Dienstleistungen im Zahlungsbereich ist eine komfortable Bedienungsoberfläche (Yonghee et al.). Während traditionelle Banken für Kontinuität und Seniorität stehen, haben sich Fintechs ein Auftreten als Innovationsführer und agiler Lösungsanbieter etablieren können. Allerdings haben Fintechs ihren Geschäftsbereich bereits um ausgeprägte Finanzdienstleistungen wie Fondsmanagement und eigenständige Finanzprodukte in ihrem Produktportfolio erweitert (Bussmann 2017).

China galt als eines der Länder, welches mit seinem Finanzsystem das weltweite Schlusslicht darstellte. Dies hat sich in den letzten Jahren geändert, da man durch ein rasantes Wachstum und dem Einsatz moderner Technologien zu einem Vorreiter des digitalen Bankgeschäftes wurde. Als Hauptgrund dafür wird das Wachstum von Fintechs angegeben (Shim/Shin 2016). Das Potential der Zusammenarbeit leitet sich beim derzeitigen Wettbewerbsumfeld auch auf den europäischen Markt ab. Für Fintechs ist hierbei oftmals das Ziel der Bereitstellung einer Banklizenz und die Umsetzung regulatorischer Anforderungen (Gomber et al. 2017).

Möglichkeiten wie die Förderung durch Risikokapital, Inkubator-Programmen oder die Gründung von Allianzen können das Ökosystem der Finanzdienstleistung verändern. Dies wurde sowohl in der Praxis, als auch in der bisher verfügbaren Literatur behandelt. Die vorliegende Masterarbeit soll dahingehend den Wettbewerb und die Zusammenarbeit zwischen etablierten Banken und Fintechs betrachten und Kooperationen analysieren. Während Banken bei der Erfüllung regulatorischer Anforderungen unterstützen und Zugang zu Kund/innen dank einer etablierten Marke erteilen, bringen Fintechs Agilität und neue Technologien mit sich. Dies wurde zwar bereits erkannt, allerdings noch nicht umfangreich etabliert. Unternehmen haben hier bereits auf die Gründung neuer Allianzen gesetzt, welche einen hohen Ressourcenaufwand mit sich bringen. Ein Vorteil dabei ist jedoch auch die Lernphase der Integration in eine stabile Organisationseinheit, sowie trotz Outsourcing, eine in-house Entwicklung implementieren zu können (Holotiuk et al. 2018).

Banken haben in den vergangenen Jahren verstärkt ihre Prozesse und Produkte digitalisiert. Auf Grund des dynamischen Marktes müssen sie jedoch beginnen ihre Kompetenzen mit anderen Unternehmen zu ergänzen, um auch in Zukunft erfolgreich bleiben zu können (Schmidt et al. 2018).

Um sicherzustellen, dass die Kooperation mit Fintechs einen nachhaltigen Erfolg generiert, empfiehlt Berdak (Berdak 2016) unter anderem folgende Erfolgsfaktoren:

- Festlegen der Unternehmensziele: Die Bank muss vorerst abgrenzen, was im Zuge der Kooperation erreicht und welches Problem gelöst werden soll.
- Aufbau eines strukturierten Prozessdesigns: Dieser Erfolgsfaktor wird zwar genannt und sogar angefordert, allerdings nicht weiter aufgelöst. Auch in diesem Punkt soll die Masterarbeit ansetzen und Maßnahmen identifizieren, mittels deren zukünftige Kooperationen anhand eines einheitlichen Prozessdesigns optimiert werden können.
- Bereitstellung von unternehmensinternen Informationen wie Systemarchitektur und Sicherheitsstandards: Es ist notwendig Ansprechpartner/innen bereitzustellen, da die Teams nicht zwingend am selben Standort arbeiten und interne Systeme von Kooperationspartner/innen verstanden werden müssen.
- Verantwortlichkeiten festlegen.
- Einheitliche Arbeitsweise einführen.

Zusammenfassend lässt sich sagen, dass sich insbesondere im amerikanischen und asiatischen Markt ein starker Wandel erkennen lässt. Ebenso können bereits unterschiedliche Ausprägungen von Kooperationen aufgezeigt werden. Die am Ende aufgeführten Erfolgsfaktoren werden in der folgenden empirischen Untersuchung einfließen.

4 Empirische Untersuchung

In den vorangegangenen Kapiteln wurden theoretische Grundlagen und Definitionen beschrieben, sowie der aktuelle Stand des Forschungsgebietes aufgezeigt. In diesem Kapitel wird ein Überblick über die Fallstudientechnik als Forschungsmethodik gegeben. Zunächst wird die angewandte Multiple Case Study erläutert und vorgestellt. Danach wird das gesamte Forschungsdesign und die darin enthaltenen Fallstudien, sowie die Expert/innen für die qualitative Datenerhebung dargestellt. Anschließend wird die Vorgehensweise der Interviews und die darauffolgende Auswertung beschrieben, sowie die dazu verwendeten Kategorien aufgelistet.

Als Fazit der vorherigen Kapitel lässt sich sagen, dass Banken vom Produkt- zum Lösungsanbieter wechseln möchten. Neben einzelnen Produkten und Dienstleistungen sollen komplette und kundennahe Lösungen angeboten werden. Der Fokus liegt mittlerweile nicht mehr auf einzelnen Projekten, sondern auf die Gesamtausrichtung eines neuen Kundenerlebnisses.

Als empirische Forschungsmethode wurde die Fallstudientechnik gewählt. Grund dafür ist, dass drei Untersuchungsgegenstände in ihrem realen Umfeld untersucht werden und ein offener Forschungsansatz geschaffen werden soll. Dieser eignet sich „[...] in der Regel komplexe, schwer abgrenzbare Phänomene in ihrem natürlichen Kontext [...]“ (Wilde/Hess 2007, 282) untersuchen zu können.

Für die Untersuchung der Forschungsfrage wird der empirische Teil dieser Masterarbeit in Form einer Multiple Case Study nach Yin aufgebaut. Dieser sieht die Grenzen zwischen dem Phänomen und dem Kontext nicht als klar ersichtlich. Diese Art von Fallstudie verfolgt das Ziel, fehlende Bestände in bereits vorhandener Literatur zu füllen. Da die behandelten Fälle im Zuge dieser Arbeit erst genauer untersucht werden und einer davon auch erst eine aufkommende Kooperation ist, wurde diese Art des Aufbaus gewählt (Yin 2014). Zudem unterscheidet man beim Forschungsdesign zwischen ganzheitlichen („holistic“) und eingebetteten („embedded“) Designs. Das holistische Design betrachtet das gesamte Analyseobjekt und unterteilt dieses nicht weiter. Dahingegen wird beim eingebetteten Design das Untersuchungsobjekt in logische Einheiten gegliedert. Da diese Arbeit als Ergebnis in erster Linie die Identifikation von Erfolgsfaktoren und einem einheitlichen Prozessdesign anstrebt, liegt der Fokus auf dieser Teileinheit der Kooperation (Yin 2012). Gerring hingegen sieht die Fallstudientechnik eher als experimentelle Methode an und definiert einen einzelnen Fall mit klaren Grenzen, da man nur so auf die Klasse schließen kann (Gerring 2004).

Diese Vorgehensweise ermöglicht eine zielgerichtete und strukturierte Möglichkeit der sozialwissenschaftlichen Datenerhebung zur Beantwortung der Forschungsfrage. Im Gegensatz zu einer Umfrage bietet die Fallstudientechnik eine gewisse Flexibilität. Sollte der/die Forscher/in interessante Aspekte bei der Datenerhebung entdecken, kann man auf diese eingehen. Ebenso lässt sich im Vergleich zu einer quantitativen Forschungsmethode eine Abbildung der sozialen Wirklichkeit erzielen und Entwicklungen, Prozessabläufe und Zusammenhänge nachvollziehen. Weiters beschäftigt sich die Fallstudie mit einer Begründung praktischer Erfahrungen anhand unterschiedlicher Aussagen (Yin 2014).

Yin definiert ein Fallbeispiel als zeitgenössisches Phänomen in seinem realen Lebenskontext. Insbesondere liegt hier der Fokus auf Forscher/innen, die weniger Kontrolle über dieses Phänomen und dessen Kontext haben. Seine Definition liegt der Annahme zu Grunde, dass andere Forschungsmethoden, wie Umfragen, sich nicht dazu eignen den Fall entsprechend zu untersuchen. Durch einen offenen Forschungsansatz wie die Multiple Case Study kann gezielt auf die

Fragen „wie“, „warum“ und „welche“ eingegangen werden. Ebenso kann durch die Fallstudienforschung ein methodisches Grundgerüst zur strukturierten Identifikation gebildet werden. Grundsätzlich unterscheidet man zwischen Einzel- und Mehrfall- (engl. Multiple) Studien. Erstere baut auf einem klar definierten Fall und seinen Kontext auf. Bei einer Multiple Case Study werden mehrere Fälle innerhalb einer Untersuchung kombiniert. Der Vorteil gegenüber einer Einzelfallstudie ermöglicht eine übergreifende Betrachtung von mehreren Fällen. Somit können Gemeinsamkeiten, aber auch Unterschiede zwischen den Fällen analysiert werden (Yin 2014). In der vorliegenden Arbeit handeln die Fälle von Kooperationen eines Unternehmens. Die Analyseobjekte setzen sich aus - in Kapitel 2.4 beschriebenen - Kooperationen zwischen der Bank und drei Fintechs zusammen.

Die methodische Vorgehensweise der Datenerhebung erfolgt durch Expert/inneninterviews mit unterschiedlichen Stakeholdern der ausgewählten Bank und der Fintechs. Diese Expert/innen verfügen über ein besonderes Wissen über den Sachverhalt dieser empirischen Studie (Mayring 2002). Davor wird bei allen drei Fallstudien eine Sekundäranalyse anhand vorhandener Unternehmensdokumente durchgeführt und in den Unterkapiteln dargestellt, um auch den Themenbereich und die Ausgangslage der Kooperationen aufzeigen zu können. Dadurch können verschiedene Indikatoren aus der Praxis und der bestehenden Theorie evaluiert und Zusammenhänge abgeleitet, sowie bewertet werden (Yin 2009).

Die Expert/innen der Unternehmen werden aus unterschiedlichen Bereichen und Hierarchieebenen herangezogen und waren bereits bei Kooperationen im digitalen Privatkundengeschäft involviert. Basierend auf der durchgeführten Literaturanalyse wurde dazu ein Interviewleitfaden erstellt. Dieser Leitfaden besteht aus Meinungsfragen, um spezifische Einschätzungen und Ziele der Expert/innen evaluieren zu können. Dadurch kann auch vorhandenes Hintergrundwissen der Expert/innen strukturiert abgefragt werden (Gläser/Laudel 2010). Die Interviews werden mittels eines Aufnahmegerätes aufgezeichnet, um nach Abschluss der Interviews diese Audiodateien transkribieren zu können. Dadurch können die Daten der Erhebung im Anschluss gezielt ausgewertet werden (Zepke 2016). Dabei handelt es sich um kommentierte Transkripte, welche aufgrund einer sprachlichen Glättung für bessere Lesbarkeit und Nachvollziehbarkeit sorgen sollen. Für die Analyse und Auswertung der Daten wurden Resultate zusammengefasst und inhaltlich strukturiert. Referenzierend zu der Forschungsfrage wurden beispielhafte Zitationen von Expert/innen angeführt. Durch diesen Ansatz kann auf Basis des erhobenen Materials ein Rückschluss auf die Forschungsfrage gezogen werden und die Komplexität des Datenmaterials reduziert werden (Mayring 2002).

4.1 Forschungsdesign

Im folgenden Abschnitt wird das bereits umschriebene Forschungsdesign dieser Masterarbeit grafisch in Abbildung 1 dargestellt und anschließend detailliert beschrieben.

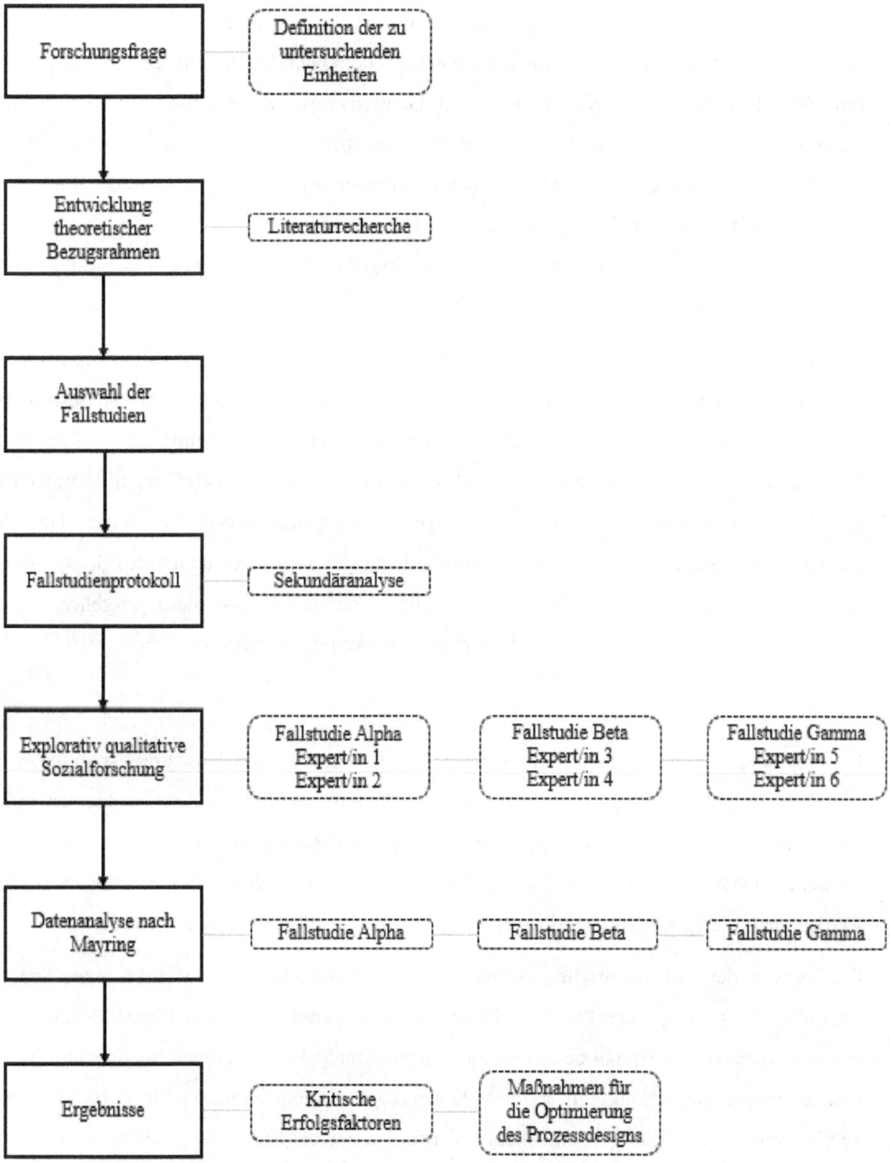

Abbildung 1: Forschungsdesign (eigene Darstellung)

Nachdem die Forschungsfrage in Kapitel 1.2 bereits definiert wurde, folgt in diesem Kapitel die Auswahl der Fallstudien. Dazu werden insgesamt drei Fallstudien in Betracht gezogen. Diese handeln von Kooperationen zwischen der Bank und unterschiedlichen Fintechs. Daher werden diese Fallstudien jeweils nach demselben Design aufgebaut. Ebenso werden homogene Ansätze zur Datenerhebung und dessen Analyse verwendet. Inhaltlich wird dabei auf die Ausgangslage, die Stakeholder, sowie die Zusammenarbeit und den Einführungsprozess eingegangen. Zu jeder Fallstudie werden zwei Expert/inneninterviews durchgeführt um Zusammenhänge und kritische Erfolgsfaktoren zu identifizieren. Um abschließend hochwertige Ergebnisse bilden zu können, wird zu jeder Kooperation immer ein/e Expert/in seitens der Bank und ein/e seitens des Fintechs befragt. Durch die daraus resultierende Datenerhebung sollen, im Sinne der qualitativen Sozialforschung, die individuellen Situationen gegenübergestellt und neue Erkenntnisse erzielt werden (Yin 2009).

Zur Gestaltung eines einheitlichen Prozessdesigns muss analysiert werden, wie bisherige Kooperationen abgewickelt wurden und zukünftige optimiert werden können. Für diese Beantwortung wurden konzentrierte Befragungen einzelner Expert/innen durchgeführt. Um eine gewisse Flexibilität zu ermöglichen wurde ein teilstrukturierter Interviewleitfaden erstellt. Dieser ist eine Kombination zwischen offenen Fragen und eines streng strukturierten Leitfadens. Dadurch können Fragestellungen und theoretische Vorüberlegungen berücksichtigt und ein Gestaltungsspielraum ermöglicht werden (Ebster/Stalzer 2013). Zusätzlich lässt diese Vorgehensweise auch eine Offenheit für neue, sich im Gespräch entwickelnde, Aspekte zu (Zepke 2016).

4.1.1 Auswahl der behandelten Fälle

Um eine entsprechende Basis für ein hochwertiges Ergebnis zu erzielen ist die Analyseebene ein relevanter Schritt. Hierbei werden Kriterien zur Unterscheidung von Analyseobjekten definiert. Ein unmittelbar relevantes Objekt wird auch als Fall bezeichnet. Da das zu untersuchende Phänomen innerhalb einer Organisation stattfindet ist die Bank der Fall. Als Analyseobjekte werden die Fintechs als Kooperationspartner der Bank in Betracht gezogen (Yin 2009).

Die Auswahl der Fintechs für die folgende Fallstudienuntersuchung wurde auf Kooperationen mit dieser Bank im digitalen Privatkundengeschäft beschränkt. Für einen offenen Forschungsansatz wurden daher nicht nur bereits erfolgreich umgesetzte Kooperationen, sondern auch eine gescheiterte, sowie eine aktuell laufende Kooperation als Fall betrachtet. In Form von Expert/inneninterviews mit unterschiedlichen Vertreter/innen der Bank und der Fintechs wird die

Thematik der vorherigen Kapitel vertiefend diskutiert. Die konkrete Fallauswahl orientiert sich an theoretischen Vorüberlegungen und hat für die Forschungsfrage eine hohe Relevanz.

4.1.2 Auswahl der Expert/innen

Für die Durchführung der Erhebungsmethode wurden Kriterien festgelegt, welche relevant für die Auswahl der Expert/innen sind. Die für diese Forschungsarbeit ausgewählten Teilnehmer/innen der Interviews haben einen direkten Zugang zum Forschungsobjekt und sich bereit erklärt ein Gespräch darüber zu führen (Zepke 2016). Die in Tabelle 2 aufgelisteten Personen wurden per E-Mail zu einem Interviewtermin kontaktiert. Bei der ersten Kontaktaufnahme wurde auch die Themenstellung der Masterarbeit kurz erläutert. Die Interviewpartner/innen werden im Rahmen dieser Masterthesis anonym behandelt. Jedes Zitat ist, mit dem in Tabelle 2 festgelegten Interviewcode, versehen und gekennzeichnet. Dadurch kann die Nachvollziehbarkeit der wissenschaftlichen Aussagen der jeweiligen Expert/innen, sowie die Geheimhaltung ermöglicht werden.

Im ersten Abschnitt der Interviews wurden allgemeine Einführungsfragen und anschließend Leitfragen gestellt. Diese sollen einen genaueren Einblick in den Themenbereich ermöglichen. Der vollständige Interviewleitfaden ist im Anhang A zu finden (Mayring 2015).

Interview Code	**Unter-nehmen**	**Funktion**	**Fallstu-die**	**Datum**	**Inter-view Dauer**
AB	Bank	Head of User Experience & Fintech Cooperation	Alpha	16.03.2019	27 Min.
AF	Fintech	Co-Founder / Geschäftsführer	Alpha	19.03.2019	15 Min.
BB	Bank	Head of User Experience & Fintech Cooperation	Beta	16.03.2019	21 Min.
BF	Fintech	Customer Success Management & Business Development	Beta	18.03.2019	29 Min.
GB	Bank	Squad Lead	Gamma	18.03.2019	17 Min.
GF	Fintech	Founder & CEO	Gamma	25.03.2019	18 Min.

Tabelle 2: Überblick der Expert/innen (eigene Darstellung)

Die Interviews haben durchschnittlich 21 Minuten gedauert und wurden vor Ort bei einem persönlichen Treffen, sowie telefonisch durchgeführt. Die Expert/innen waren bereits mehrere Jahre in ihrer aktuellen Position tätig und beschäftigen sich alle mit dem Fachgebiet Digital Banking.

4.1.3 Durchführung der Interviews

Zu Beginn des Interviews wurden dem/der Expert/in allgemeine Fragen als Einstieg in das Gespräch gestellt. Die Befragungen wurden alle im März 2019 in Wien durchgeführt. Dazu wurden vorab Interviewtermine vereinbart und bei den vier persönlichen Interviews ein Ort vereinbart. Dadurch konnten sich der/die Befragte einen für sich angemessen Zeitraum wählen und der Zeitdruck des Interviews minimiert werden. Es wurden insgesamt zwei Expert/innen der Bank und drei Expert/innen der Fintechs befragt. Der dazu verwendete Leitfaden beinhaltet sieben Fragen.

4.2 Kategorienbildung

In Tabelle 3 wurden sechs Kategorien definiert, um die Klassifizierung und Zuordnung der erhobenen Daten zu erleichtern. Diese Kategorien bilden die Basis einer qualitativen Inhaltsanalyse, um die Zielsetzung dieser Arbeit zu konkretisieren. Kategorien stehen für Variablen hinsichtlich zusammenhängender Inhalte des Interviewmaterials. Da bei der Kategorie K2 bereits bei der ersten Analyse ersichtliche Zusammenhänge gegeben waren, wurden dazu drei Unterkategorien angelegt. Neben der Identifikation kritischer Erfolgsfaktoren, sollen Kooperationen auch als Innovationstreiber einer österreichischen Bank aufgezeigt werden. Daher wurde in der Kategorie K1 die Unterkategorie Innovation erstellt. Somit konnten die Aussagen der Expert/innen zugeordnet werden.

Die aufgelisteten Kategorien stammen direkt aus dem Inhalt des transkribierten Textmaterials. Alle Textstellen die zusammenhängende Inhalte aufweisen werden der entsprechenden Kategorie zugeordnet. Bei neu aufkommenden Textstellen wurden neue Kategorien ergänzt. Das Datenmaterial wurde dazu mehrfach bearbeitet und Textpassagen als Kodiereinheiten paraphrasiert. Die zusammenfassende Inhaltsanalyse kann aufgrund festgelegter Kriterien den erhobenen Datenbestand so reduzieren, dass die wesentlichen Inhalte erhalten bleiben. Mittels Kategorien können inhaltlich komplexe Aussagen der Personen markiert und darauffolgend interpretiert werden (Mayring 2015). Die Erkenntnisse der Untersuchung werden in Kapitel sechs gesamtheitlich interpretiert und dargestellt.

ID	Kategorie	Definition
K1	Chancen - Innovation	Kooperationsmöglichkeiten als Alternative für einen nachhaltigen Erfolg
K2	Erfolgsfaktoren - Kommunikation - Ressourcen - Technologie	Genannte Erfolgsfaktoren der Expert/innen bezugnehmend auf die jeweilige Kooperation
K3	Erwartungen	Ausgangslage und Zielsetzung der Kooperation Einschätzungen hinsichtlich regulatorischer Vorgaben, der digitalen Transformation, sowie neuen Wettbewerbsbedingungen Analogien, sowie Gegensätze und somit Potential an einer Kooperation (siehe Tabelle 1)
K4	Herausforderungen	Aufgetretene Herausforderungen
K5	Prozessdesign	Faktoren des Einführungsprozesses, sowie der Implementierung
K6	Unternehmenseigenschaften - Stärken - Schwächen	Erfahrungen die im Zuge der Kooperation gemacht werden konnten Stärken und Schwächen der Unternehmen

Tabelle 3: Kategoriesystem (eigene Darstellung)

Das Forschungsdesign bildet die Basis einer empirischen Untersuchung. Dazu wurde in diesem Kapitel die methodische Vorgehensweise umfangreich beschrieben und die Ausgangslage für den empirischen Teil der Arbeit geschaffen. Dieser Teil wird im folgenden Kapitel bearbeitet.

5 Multiple Case Study Analyse

In diesem Kapitel soll die Interpretation der erhobenen Daten aus der qualitativen Forschung wiedergeben, gegenübergestellt und interpretiert werden. Um die Interviewergebnisse strukturieren zu können wurde als Auswertungsverfahren der durchgeführte Interviewleitfaden anhand der qualitativen Inhaltsanalyse nach Mayring ausgewertet. Die transkribierten Interviews mit allen fünf Stakeholdern wurden innerhalb ihres Kontexts analysiert (Zepke 2016).

In den folgenden Abschnitten werden die Ergebnisse der einzelnen Fallstudien mit den zugehörigen Daten miteinander in Beziehung gebracht und diskutiert. Es wurden dazu auch Sekundärdaten in physischer und elektronischer Form untersucht. Dazu zählen relevante Dokumente wie Projektaufträge und Protokolle. Ebenso werden die Ergebnisse der durchgeführten Interviews kumuliert und strukturiert aufgezeigt.

Die im vorherigen Kapitel festgelegten Kategorien wurden aus den in Kapitel zwei vorgestellten Theorien abgeleitet. Allerdings wurden die in Tabelle 3 definierten Rubriken nach der ersten Auswertung der Transkripte überarbeitet und die Tabelle aktualisiert. Diese Textpassagen wurden in Kategorien eingestuft. Die in Tabelle 2 aufgelisteten Expert/innen wurden interviewt und das aufgezeichnete Datenmaterial transkribiert. Danach wurden jene Teile der Interviews identifiziert und gekennzeichnet, welche für die Beantwortung der Forschungsfrage relevant erscheinen. Auf der Basis der kategorisierten und zusammengefassten Textstellen der Interviews werden diese einander, sowie dem bereits vorhandenen Wissensstand gegenübergestellt und diskutiert (Mayer 2008).

In den folgenden Unterkapiteln werden die erhobenen Daten auf Muster interpretiert. Dazu wird in Kapitel 5.1 der Ist-Zustand der Bank, sowie anschließend die einzelnen Fallstudien kurz vorgestellt. Danach werden die Kategorien in einzelnen Unterkapiteln aufgeteilt. Aufgrund der Geheimhaltung werden die Informationen zur Bank, sowie die behandelnden Fälle anonymisiert dargestellt.

5.1 Ist-Zustand der Bank

Mit der Bereitschaft zu einer Kooperation können Banken von Fintechs auch zusätzlich etwas in den Bereichen Organisation, Technologie und Arbeitsweise lernen und davon profitieren. Die in der Masterarbeit vorgestellte Bank sieht hierbei die folgenden Themengebiete als relevant für eine erfolgreiche Digitalisierungsinitiative:

- Digital Banking
- Customer Experience
- Prozesse digitalisieren
- Big Data & Analytics
- Optimierungen im Kernbankensystem

Die in der Fallstudie behandelte Bank ist am österreichischen und deutschen Markt etabliert und verzeichnet über zwei Millionen Privat- und Firmenkund/innen. Das Geschäftsmodell basiert auf niedrigem Risiko mit hoher Effizienz, ist regional ausgerichtet und wird durch ihre bekannte Marke gestützt. Die Bank zeichnet sich als Universalbank aus, beinhaltet in ihrem Sortiment Spar-, Zahlungsverkehrs-, Kredit-, Leasing- und Veranlagungsprodukte und bietet Bausparen und Versicherungen über verschiedene On- und Offline-Vertriebswege an. Diese Distributionskanäle finden ihren Halt in ihrer regionalen Nähe, sowie einem ausgereiften digitalen Angebot. Trotz der steigenden Nutzung digitaler Kanäle sieht das Unternehmen in seiner Strategie parallel zum Trend der Digitalisierung auch die Suche nach Vertrauen und menschlicher Empathie.

In den letzten Jahren wurde ein Innovationsmanagement aufgebaut und stets weiterentwickelt. Dazu wird aktuell auf mehrere Initiativen gesetzt. Um dies ausüben zu können wurde der Aufbau einer Innovationskultur forciert und closed Innovation betrieben. Die Bank bietet Mitarbeiter/innen die Möglichkeit jederzeit online ihre Ideen in einen standardisierten Innovationsprozess einzureichen. Alle eingereichten Ideen werden von einem bereichsübergreifenden Bewertungsteam diskutiert und unter bestimmten Kriterien mit bis zu € 25.000 prämiert. Weiters gibt es zweimal im Jahr ein Event, bei dem Mitarbeiter/innen ihre Ideen direkt auf einer Bühne präsentieren können.

Als weitere wirkungsvolle Möglichkeit für einen Austausch mit externen Unternehmen und Spezialist/innen hat sich die Bank bereits öfter auf Hackathons präsentiert, daran teilgenommen, sowie eigene veranstaltet. Allerdings steht das Unternehmen vor der Herausforderung, den Zustrom regulatorischer Initiativen zu bewältigen, welcher in den letzten Jahren weiter zugenommen hat. Dies und weitere Projekte beanspruchen viele Ressourcen im Unternehmen. Um dennoch Agilität und Innovation betreiben zu können, bietet sich der Ansatz einer Kooperation als gute Basis dazu an.

Um in der Bank grundsätzlich Innovationsmanagement betreiben zu können, wurden als erster Schritt folgende Erfolgsfaktoren identifiziert:

- Innovationsfreundliche Unternehmenskultur
- Kundenzentrierung aller Unternehmensaktivitäten
- Agile Arbeitsweise für kürzere Produktentwicklungszyklen
- Kooperationen mit Fintechs

Der Faktor Kooperationen mit Fintechs soll im Zuge dieser Masterarbeit analysiert werden. Hierbei ist der Bank wichtig, dass Kooperationen weniger als Notwendigkeit zum Fortbestehen des Unternehmens wahrgenommen werden, sondern als Möglichkeit zur Erschließung neuer

Markt- und Ertragsmöglichkeiten, sowie die Verkürzung von Produktentwicklungszyklen angesehen werden. Dahingehend wird die Sicht auf die Kund/innen als Basis und wesentlicher Erfolgsfaktor in jedem Schritt angesehen. Als Bestandteil der Unternehmenskultur sollen generell alle Prozesse und aufkommende Projekte auf die Kund/innen und deren Mehrwert ausgerichtet werden.

Die Identifikation der Fintechs erfolgt durch online Recherchen, sowie die Teilnahme an unterschiedlichen Veranstaltungen. Dazu werden erste Metadaten wie Unternehmensname, Leistungsbereich, Produktbeschreibung, Ansprechperson und Themenbereich schriftlich aufgenommen und zentral abgelegt. Dabei werden zwei unterschiedliche Möglichkeiten als Ausgangslage verwendet. Einerseits wird nach neuen Produkten gesucht und dazu Anwender/innen evaluiert (technology push). Andererseits sucht man auf Basis der Kundenbedürfnisse, sowie auf deren Feedback und Erwartungshaltung eine technische Entwicklung (demand pull). Monatlich wird ein Überblick erstellt und der aktuelle Status des Prozesses der einzelnen Fintechs in einem bereichsübergreifenden Gremium besprochen.

Um eine agile Arbeitsweise und damit zusammenhängende verkürzte Produktentwicklungszeiten erreichen zu können, eignen sich Kooperationen mit Fintechs. Dadurch wird beispielsweise mittels einer externen Technologieverwertung die Möglichkeit einer zeitnahen Umsetzung gewährleistet. Die Bank sieht ihre Stärken in einer Kooperation in ihrem Kundenstamm, einer Banklizenz, einer starken Marke und deren Reputation.

Kund/innen verbinden Finanzgeschäfte mit Vertrauensgeschäften und erwarten sich Seriosität. Ebenso spielen laut einer intern durchgeführten Marktumfrage neben Konditionen und den angebotenen Finanzprodukten auch der Ruf und die Bekanntheit eine große Rolle.

Die Bank hat Kooperationen mit Fintechs auch in ihrer digitalen Strategie verankert. Dazu wurden fünf Leistungsbereiche evaluiert und auf potentielle Kooperationen ausgerichtet:

Leistungsbereich	Beschreibung	Anwendungsbeispiele
Sicherheit	Sicherheitsrelevante Lösungen	Cyber-Security Kundenauthentifizierung
Finanzmanagement	Persönliche Finanzmanagement Funktionen zur Optimierung der finanziellen Situation des/der Kund/in	Online Terminvereinbarung Grafische Darstellungsmöglichkeiten

Analyse & Vorhersagen	Maßgeschneiderte Angebote	Customer Relationship Management (CRM) Marketing Kampagnen
Peer-to-Peer-Kredite	Vermittlung von Krediten zwischen Privatpersonen	Konsumkredite
User Experience (UX)	Attraktive Digitalprodukte	Gamification Modernes Design

Tabelle 4: Leistungsbereiche für Kooperationen (eigene Darstellung)

Neben diesen fünf Leistungsbereichen gilt es noch weitere Kriterien zu erfüllen bevor eine Kooperation zu Stande kommen wird. Potentielle Kooperationspartner/innen sollen bereits ein bestehendes Unternehmen, sowie über bereits getestete Produkte und Dienstleistungen verfügen. Die Bank sieht sich hierbei nicht in der Rolle eines Business Angels oder Inkubator. Dahingehend sollen jedoch folgende Kooperationsansätze mit Fintechs fokussiert werden:

- Externe Technologieverwertung: Die Bank kauft Produkte oder Services des Fintechs ein und integriert sie in ihr eigenes Produktportfolio.
- Verweis: Die Bank verweist ihre Kunden gezielt auf das Produkt oder den Service eines Fintechs, mit dem sie kooperiert.
- Gemeinsame Vermarktung: Die Bank und das Fintech kooperieren, um ihre jeweiligen Produkte und Services gemeinsam im Markt zu platzieren.
- Gemeinsame Entwicklung: Es erfolgt eine gemeinsame Produktentwicklung.

Die Bank sieht Fintechs nicht als direkte Bedrohung, sondern als gleichwertigen Partner für nachhaltige Kooperationen. Der Verankerung der Kooperationsbereitschaft in der digitalen Strategie, sowie definierte Leistungsbereiche sollen eine effiziente Vorgehensweise ermöglichen. Diese Vorgehensweise beziehungsweise (bzw.) das gesamtheitliche Prozessdesign und die darin enthaltenen kritischen Erfolgsfaktoren werden in den folgenden Abschnitten näher betrachtet.

5.2 Datenanalyse der Kooperationen

Die Datenanalyse und deren Interpretation zeigen sich bei einer Fallstudienanalyse als komplex, da es keine standardisierte Vorgehensweise dazu gibt. Daher wird in diesem Kapitel eine

Übersicht der einzelnen drei Fallstudien gegeben, welche im Anschluss auf Basis der Ergebnisse diskutiert werden. In den folgenden Unterkapiteln werden die Ergebnisse auf Muster interpretiert und ausgewertet (Yin 2009). Basierend auf einer intensiven Sekundäranalyse wurden die Kooperationspartner/innen, sowie die Ausgangslage und Zielsetzung der Zusammenarbeit identifiziert und aufgezeigt.

Der erste Schritt der Analyse des Datenmaterials war die Transkription des bei den Interviews aufgezeichneten Audiomaterials (Mayring 2015). Anschließend wurden die transkribierten Textdateien mittels der qualitativen Inhaltsanalyse nach Mayring bearbeitet. Hierzu wurde die Software NVivo als Unterstützung verwendet. Dieses Programm ist im Bereich der qualitativen Datenanalyse weit verbreitet. Es lassen sich dadurch qualitative Daten in den festgelegten Kategorien organisieren und analysieren (NVivo 2019).

Um eine Übersicht der drei behandelten Fallstudien zu geben, wurden deren Kernelemente in Tabelle 5 kurz dargestellt. Diese Tabelle soll die jeweiligen Kooperationen aufzeigen und miteinander gegenüberstellen.

	Kooperation Alpha	**Kooperation Beta**	**Kooperation Gamma**
Leistungsbereich der Bank	Finanzmanagement	Finanzmanagement Analyse & Vorhersagen	Finanzmanagement User Experience
Status der Kooperation	Erfolgreich abgeschlossen	Machbarkeitsnachweis durchgeführt Bereits gestartet aber noch nicht abgeschlossen	Bereits gestartet aber noch nicht abgeschlossen
Kooperationsform	Verweis Externe Technologieverwertung	Externe Technologieverwertung	Externe Technologieverwertung
Anwendungsbereich	Produktvergleich	Zahlungsverkehr Rechnungsverwaltung	Automatisierte Kategorisierung von Transaktionsdaten Basis für Personal Finance Management

Zielsetzung	Steigerung des Omnikanal-Kundenerlebnisses durch einfache Suche nach der/dem bestgeeigneten Berater/in in der Nähe der Kund/innen Steigerung der Verkaufszahlen im Privatkundengeschäft Erweiterung des digitalen Produktportfolios	Verwertung von unstrukturierten Daten zu strukturierten Informationen Vereinfachung bei der Durchführung einer Zahlung mittels Erlagscheines Produktinnovation	Benutzerfreundliches Multibanking Transparenz der Umsatzdaten Erweiterung des digitalen Produktportfolios Erweiterung der Informationsbasis über relevante Kundenaktivitäten für einen zielgerichteten Vertrieb Unterstützung der Produktabschlussprozesse (z.B. Verbesserung der Qualität der Bonitätsbewertung)
Stadium der Produktentwicklung	Markteinführung	Markteinführung Produktentwicklung	Produktentwicklung
Transfer Richtung	Technology push	Demand pull	Demand pull
Transfermaßnahme	Direkt	Direkt	Direkt
Zielgruppe	Keine Einschränkung	Kund/innen welche die mobile App der Bank verwenden	Kund/innen die das e-Banking oder die mobile App der Bank verwenden
Region	Österreich	Österreich	Österreich
Ertragsmodell	Lizenzkosten	Lizenzkosten	Flexible Lizenzmodelle je nach Leistungsmodul Laufende Kosten für die Produktweiterentwicklung
Kooperationsdauer	Nicht beschränkt	Nicht beschränkt	Nicht beschränkt

Tabelle 5: Übersicht der einzelnen Fallstudien (eigene Darstellung)

Tabelle 5 stellt die Unterschiede der einzelnen Unternehmen und Kooperationen dar. Um einen umfangreicheren Einblick zu ermöglichen, folgt im Anschluss zu jeder Kooperation ein Fallstudienprotokoll. Dieses soll Alpha, Beta und Gamma nochmals genauer betrachten und beschreiben.

5.2.1 Fallstudienprotokoll Alpha

Bei der ersten Fallstudie handelt es sich um ein österreichisches Fintech, dass eine bereits erfolgreich abgeschlossene Kooperation mit der Bank durchführen konnte. Dabei handelte es sich um den Verweis auf die Fintech-Plattform, bei der Kund/innen und potentielle Neukund/innen auf die Bank und deren Berater/innen aufmerksam gemacht und verwiesen werden können. Dadurch können Personen je nach ihrem finanziellen Anliegen mit einer Bank und deren passenden Expert/innen in Verbindung gebracht werden. Da das Fintech jedoch mittlerweile auch ein weiteres Produkt entwickelt hat, gedenkt die Bank daran, dieses in ihre Applikation zu integrieren. Auch diese aufkommende Kooperation soll im Zuge der empirischen Datenerhebung berücksichtigt werden.

Um die digitale Interaktion der Kund/innen mit der Bank zu steigern, war man auf der Suche nach einer Möglichkeit der automatischen Terminvereinbarung zwischen Kund/innen und Berater/innen der Bank. Neben der einfachen Kontaktaufnahme für die Kund/innen erhoffte man sich auch Ertragssteigerungen und eine Erhöhung der Produktverkäufe. Kundenbetreuer/innen können sich auf der Plattform eigene Profile anlegen und eine bidirektionale Kommunikation mit der/dem Kund/in starten. Zusätzlich können sich Personen direkt einen freien Termin mit dem/der gewünschten Betreuer/in aussuchen. Um eine rasche Einsetzung dieses Service erreichen zu können, fokussierte man sich auf eine Software as a Service (SaaS) Lösung und somit den Verweis als Kooperationsform.

Als Form der Zusammenarbeit hat das Fintech Scrum als Methode verlangt, um auch in kurzer Zeit eine gemeinsame Umsetzung ermöglichen zu können.

Die Kooperation hat die Zielsetzung das Omnikanal-Kundenerlebnis der Bank zu steigern. Die Bank sieht darin den Mehrwert, Kund/innen das finanzielle Leben einfacher gestalten zu können. Aufgrund des Verweises auf die Fintech Plattform können neben Bestandskund/innen auch potentielle Neukund/innen angesprochen und akquiriert werden.

5.2.2 Fallstudienprotokoll Beta

Bei Kooperation Beta handelt es sich um eine externe Technologieverwertung. Das Fintech hat sich zum Ziel gesetzt, Bankkund/innen einen digitalen Assistenten in deren Alltag bieten zu können. Mit ihrem Produkt können unterschiedliche Rechnungen verwaltet, sowie digitalisiert werden. Die dazu verwendete Technologie kann dies dank einer semantischen Analyse durchführen. Die Kernkompetenz liegt dabei in der Interpretation von Daten und die Verwertung von unstrukturierten Daten zu strukturierten Informationen. Zusätzlich können Kund/innen in Echtzeit relevante Daten eines Erlagscheins auslesen und eine Überweisung mittels Smartphone durchführen. Dazu werden Daten wie Empfänger/in, Betrag und Internationale Bankkontonummer (IBAN) ausgelesen und automatisch in die Applikation der Bank übertragen. Somit kann eine Überweisung erleichtert und das vertippen der IBAN vermieden werden.

Neben der Implementierung der besagten Funktionalitäten in die mobile Applikation der Bank, möchte man die Kooperation erweitern und gemeinsam an einer Produktinnovation arbeiten. Die Idee dahinter soll dem/der Kund/in einen direkten Mehrwert in seinem/ihrem finanziellen Alltag bringen. Nach dem Scannen einer Rechnung kann diese ausgewertet und einer bestimmten Transaktion zugeordnet und dort angehängt werden. Dadurch können Kund/innen beispielsweise bei einem Garantiefall eines Produktes rasch die dazugehörige Rechnung finden. In einem Ausbaustadium könnte man Transaktionen auch soweit kategorisieren und dazugehörige Dokumente anhängen, sodass diese für die jährliche Arbeitnehmer/innenveranlagung als Basis verwendet werden können. Zusätzlich könnte man anhand einer Transaktion den Nutzer/innen automatisch Vorschläge wie z.B. „der gerade erworbene Laptop könnte Ihnen bis zu 100,- Euro im Zuge der Arbeitnehmer/innenveranlagung rückvergüten" liefern.

Um die Kooperation zeitnah starten zu können, wurde mit einem Machbarkeitsnachweis (engl. Proof of Concept) begonnen. Ein Projektteam, bestehend aus Mitarbeiter/innen der Bank und dem Fintech, haben dazu gemeinsam an einem Hackathon Event teilgenommen und in nur drei Tagen einen Prototyp entwickelt.

5.2.3 Fallstudienprotokoll Gamma

Fallstudie Gamma handelt von einer aktuell noch laufenden Kooperation hinsichtlich einer externen Technologieverwertung. Hierbei soll das Produkt des Fintechs als Serviceleistung gemeinsam mit der Bank optimiert und weiterentwickelt werden. Die Bank möchte im Zuge dieser Kooperation ein zusätzliches Service auf Basis Produkt- und Kundendaten entwickeln. Als erstes Ziel soll ein Personal Finance Manager in die mobile Applikation der Bank integriert werden. Dazu sollen alle Zahlungen der Kund/innen automatisch kategorisiert und einer Kategorie zugeordnet werden. Dem/Der Kund/in können dadurch seine Ein- und Ausgaben aufgezeigt und grafisch dargestellt werden. Um eine möglichst hohe Qualität der Kategorisierungsergebnisse zu erreichen, müssen die regelgenerierenden Daten, die daraus erstellten Regeln sowie die resultierenden Kategorisierungsergebnisse regelmäßig gemeinsam analysiert und optimiert werden.

5.3 Erwartungshaltungen der Unternehmen

In den folgenden Kapiteln werden die empirisch erhobenen Daten interpretiert, diskutiert und einander gegenübergestellt. Die Interpretation der Ergebnisse fokussiert sich auf die Forschungsfrage dieser Arbeit. Dazu werden in Form einer Inhaltsanalyse alle wesentlichen Aussagen zusammengefasst und es erfolgt eine Rücküberprüfung auf die in Kapitel 4.2 definierten Kategorien. Durch die zusammenfassende Inhaltsanalyse kann aufgrund der festgelegten Kriterien der erhobene Datenbestand reduziert und wesentliche Inhalte aufgezeigt werden. Referenzierend zu der Forschungsfrage wurden beispielhafte Zitationen von Expert/innen angeführt. Die folgenden sechs Kapitel sollen einen zusammenfassenden Überblick verschaffen und die Ergebnisse der Expert/inneninterviews aufzeigen.

Zu Beginn sollen die Erwartungen der vier Unternehmen evaluiert und die Ansichten der fünf Expert/innen gegenübergestellt werden. Hierzu wird der erhobene Datenstand zu der in Tabelle 3 definierte Kategorie K3 zusammengefasst.

Die Einstiegsfrage der Interviews versuchte zu evaluieren, ob das jeweilige Unternehmen Kooperationen als Notwendigkeit für den weiteren Bestand des Unternehmens sieht. „Also meiner Meinung nach sehe ich einen riesen Bedarf an Kooperationen." (BF) war die erste Aussage eine/r Interviewpartner/in zu diesem Thema. Schlussendlich hängt jedoch der Erfolg des Fintechs der Kooperation Beta von Kooperationen mit Banken ab. Denn sie „brauchen aber letztendlich die Bankinstitution [...] dass uns dann letztendlich einsetzt dazu, um das Ganze auch zu realisieren." (BF). Allerdings wird auch hier auf die Abhängigkeit zwischen Banken und Fintechs auf beiden Seiten hingewiesen, da in dieser Branche ein Wandel festzustellen ist.

Da Banken in jedem Fall die regulatorischen Neuerungen umsetzen müssen erfreuen sich die Fintechs, im Zuge einer Kooperation an diesen Umsetzungen teilhaben zu können. Ebenso sparen eine etablierte Marke und die Bekanntheit der Bank den Fintechs einige Ressourcen, sodass sie sich auf ihr Kernprodukt konzentrieren können (BF, AF). Die Erwartungshaltung des Fintechs Beta bezieht sich hier auf eine gemeinsame Vision und die Motivation gemeinsam mit der Bank diese zu erreichen. Um dies jedoch gewährleisten zu können ist ein/e verantwortlich/e Person auf beiden Seiten zwingend notwendig um hier kontinuierlich voranzukommen (BF). Auch bei der Kooperation Gamma sieht man seitens des Fintechs den Glauben an die Idee, sowie das generelle strategische Vorgehen als Treiber in diesem Vorhaben (GF).

Ein weiteres Fintech sieht die Notwendigkeit an Kooperationen hingegen etwas gefasster:

„[…] wir als Fintech haben schon immer die Kooperation und die Zusammenarbeit als Schlüsselelement gesehen, um auch als junges Unternehmen erfolgreich zu sein. Deswegen würde ich sagen ist es langfristig auf jeden Fall eine Notwendigkeit, kurzfristig nein. Wir haben auch Kunden die uns als reinen Dienstleister benutzen, uns wirklich nur bezahlen und gar nichts von uns hören und sehen wollen. Ich glaube aber nicht daran. Mittel- bis langfristig würde ich auf jeden Fall sagen es ist notwendig Kooperationen zu machen, weil es einfach ein ganz nachhaltiges Unternehmertum und eine Geschäftsbeziehung ist." (GF).

Mit dem Zitat „Also wir haben von Anfang an eigentlich eine kooperative Strategie gefahren." (AF) bestätigt auch das dritte Fintech die Notwendigkeit an Kooperationen für den weiteren Erfolg des Unternehmens. Hier ist zu erwähnen, dass sich der Kooperationsansatz bei Alpha um einen Verweis handelt. Daher hatte das Fintech auch nie das Ziel disruptive Finanzlösungen zu etablieren oder Banken direkt als Konkurrent/in gegenüber zu treten. Man möchte den Kund/innen einen Mehrwert generieren und ihr/ihm eine bestmögliche Transparenz bieten (AF).

„Am Anfang war es für Banken sehr komisch mit Start-ups zu kooperieren, das war vielleicht schon in anderen Branchen mehr üblich, als in der Finanzbranche, und heute ist es klar, dass es für beide Seiten einen großen Mehrwert bietet." (AF).

Seitens der Bank liegt die Erwartungshaltung an „neue Innovationen ins Haus zu holen und neue Technologien auszuprobieren, um neue Denkmodelle oder Business-Modelle zu testen, um neues Talent zu akquirieren." (AB). Als Ausgangslage wird unter anderem der Mangel an Fachkräften genannt, welche zwar vorhanden sind, sich jedoch um regulatorische und operative Themen kümmern müssen. Da auch Banken immer mehr in Projektstrukturen arbeiten und diese zeitlich begrenz sind, sieht man auch den Vorteil daran, personelle Ressourcen hierbei extern zu beziehen und flexibel bzw. unabhängig beschäftigen zu können (AB, BB).

Die generelle Erwartungshaltung an einer Kooperation wird seitens der Bank wie folgt erläutert: „super, da bekommen wir etwas, was wir selber nicht könnten oder was wir nicht in der Qualität, dem Tempo könnten." (GB).

Insbesondere bei Omni-Channel Banken liegen die Erwartungen sehr hoch. Je übergreifender die Lösungen der Fintechs sind, desto besser kann das Interesse unterschiedlicher Stakeholder geweckt werden. Aber auch der Verweis als Kooperationsansatz wurde hier hervorgehoben und diente als ausschlaggebender Faktor für eine schnelle Umsetzung, da die technische Komplexität in der Integration der Banksysteme nicht gegeben war. Daher wurde die Kooperation Alpha auch von beiden Unternehmen als erfolgreich durchgeführt bezeichnet und dient regelmäßig als Vorzeigekooperation der Bank. Grund dafür ist, dass hier eine digitale Lösung geschaffen wurde, welche auch dem Filialnetz der Bank Vorteile bringt. Zusätzlich wurde die Bank durch diese Plattform für potentielle Kund/innen sichtbarer. Da bereits einige Neukund/innen zu verhältnismäßig günstigen Anschaffungskosten gewonnen werden konnten, wurde die Kooperation Anfang 2019 um ein weiteres Jahr verlängert (AB, AF).

Neben eines attraktiven Angebotes ist die Planbarkeit der aufkommenden Kosten ein wesentlicher Faktor für die Bank. Erwartete Ausgaben im Folgejahr müssen in großen Unternehmen immer frühzeitig festgelegt werden. Daher ist ein variables Lizenzmodell nicht besonders attraktiv für die Bank und kann den Entscheidungsprozess deutlich verlängern (AB).

Es lässt sich sagen, dass grundsätzlich alle vier Unternehmen und damit sowohl die Bank, als auch die Fintechs die Notwendigkeit und ein Erfolgspotential an Kooperationen sehen. Ebenso lassen sich gewisse Abhängigkeiten zwischen Banken und Fintechs identifizieren.

5.4 Ausgangslage und Zielsetzung der Kooperationen

In diesem Abschnitt wird der erweiterte Datenbestand zu Kategorie K3 erläutert. Dazu wird auf die Ausgangslage und die Zielsetzungen der Kooperationen eingegangen. Dafür wurde der aktuelle Literaturbestand und dessen Zusammenfassung in Tabelle 1 als Basis verwendet. Demzufolge können die Einschätzungen hinsichtlich regulatorischer Vorgaben, der digitalen Transformation, sowie neuen Wettbewerbsbedingungen betrachtet werden. Darüber hinaus werden Analogien, als auch Gegensätze und somit Potentiale an einer Kooperation aufgedeckt.

Da Fintech-Kooperationen auch in der digitalen Strategie der Bank verankert sind, wurde diesen auch ein hoher Stellenwert innerhalb des Unternehmens zugeschrieben. Dennoch wurde dazu keine eigene organisatorische Einheit gebildet und die Suche nach potentiellen Kooperationspartner/innen generell nur in der Anfangszeit intensiv betrieben. Allerdings hat sich dies mittelfristig nur medial geäußert (AB). Auch bei Gamma hat man sich bei der Auswahl stark auf deren Präsentationen und dem Zertifikat zur Erfüllung regulatorischer Anforderungen, als auf das eigentliche Produkt und der Technologie fokussiert (GB). Denn laut der/dem Expert/in der Bank hat das Fintech „[…] also diese Features, und wir haben es gekauft, als Software as a Service. Du kaufst halt das und zahlts monatliche Lizenzgebühren um dieses Feature zu verwenden, um dieses Service zu verwenden." Trotz der Unterstützung externer Berater/innen im

Zuge des Auswahlverfahrens treten hier Missverständnisse und Konflikte auf. Der Gedanke einer Kooperation und der regelmäßige Austausch ist hier im Laufe der Zusammenarbeit vernachlässigt worden (GB).

Am aufwändigsten und risikoreichsten stellt sich generell die Anfangsphase heraus. In diesem Punkt waren alle drei Fintechs in einer unterschiedlichen Ausgangslage. Während Alpha eine langjährige Erfahrung im Finanzbereich, dem Netzwerk des Geschäftsführers und passende Referenzprojekte vorzeigen konnte, hat Beta bei einer Veranstaltung für positive Aufmerksamkeit gesorgt und ihr Produkt und die Technologie entsprechend präsentiert. Gamma hat grundsätzlich einen langen Auswahlprozess hinter sich und war vorerst für die Weiterentwicklung eines anderen Produktes der Bank vorgesehen.

Als die Bank beschlossen hat eine neue mobile Applikation, basierend auf neuer Technologie und mit neuen Funktionalitäten zu entwickeln, wurde festgelegt, dass diese in ihrer ersten Version mindestens den Funktionsumfang der aktuellen App aufweisen muss. Da diese als Funktion die Fotoüberweisung bereits angeboten hat, wollte man darauf nicht verzichten und natürlich für die Zukunft auch verbessern und weiterentwickeln. Somit waren die Zielsetzung und die Ausgangslage für Kooperation Beta geschaffen. Nach den Erstgesprächen ist das Fintech sogar in Vorleistung gegangen und gemeinsam mit der Bank nach Frankfurt gefahren um dort an einem Hackathon teilzunehmen, und dadurch den ersten Machbarkeitsbeweis der Kooperation zu liefern. „Sie waren durchaus sehr, sehr kooperativ ohne Bezahlung einiges schon zu leisten. Und deswegen ist man auch mit ihnen gemeinsam ein Stück des Weges gegangen." (BB). Der Prototyp wurde dann darauffolgend einigen Stakeholdern der Bank präsentiert. Da sich die Entscheidungsträger/innen der Bank jedoch bereits ein detailliertes Angebot erwartet hatten, konnte man danach nicht direkt fortfahren. Das Fintech hat sich selbst als Premiumanbieter/in umschrieben und dadurch eine andere Vorstellung der Preisgestaltung als die Entscheidungsträger/innen der Bank. Ebenso wurde die Technologie von der Bank als einfache Bilderkennung wahrgenommen und nicht in dem erwarteten Ausmaß wertgeschätzt. Aufgrund einer personellen Änderung in der Bank und dadurch, dass bei der Vorstellung kein konkretes Angebot festgelegt werden konnte, sieht das Fintech die Kooperation aktuell als gestoppt an. Da die Bank die Kooperation jedoch als gescheitert beschrieben hat, liegt hier kein klares Bild vor (BB, BF). Auch bei Kooperation Gamma haben die Unternehmen eine unterschiedliche Ansicht. Während das Fintech die Kooperation als erfolgreich definiert, sieht die Bank den Verlauf einer Zusammenarbeit mittlerweile nur noch als Produktzukauf und umschreibt die Kooperation selbst als gescheitert (GB, GF).

Insbesondere bei Kooperation Gamma wurde mehrfach erwähnt, dass die Stakeholder unterschiedliche Zielsetzungen und die Ausgangslage anderswertig aufgefasst haben. Zusätzlich wurde die Kooperation auch im Sinne eines anderen Projektes gestartet. Da dieses während des Projektverlaufes abgebrochen wurde, Gamma jedoch auch passende Produkte zu anderen Projekten vorweisen konnte, hat man die Kooperation fortgesetzt (GB, GF). GB sieht Kooperationen grundsätzlich als große Chance und hohes Potential, welche sich in der Praxis jedoch noch nicht direkt bewiesen haben. Als Grund dafür wird erwähnt, dass die Entscheidungsträger die Technologie an sich nicht ausreichend evaluieren und die Bank den versprochenen Algorithmus selbst noch verbessern muss bzw. in kürzerer Zeit sogar selbst entwickeln könnte. Bei Beta hingegen hatte die Bank eine/n Entscheidungsträger/in mit langjähriger Erfahrung in diesem technologischen Bereich und somit ein besseres Verständnis zu der Technologie des Fintechs (BB). GB ist jedoch der Meinung, dass neben der technischen Evaluierung am Beginn der Kooperation, weitere Evaluierungen während der Umsetzung fehlten. Sobald der Vertrag unterzeichnet wurde fehlte es am Bewusstsein der iterativen Evaluierung. „Also da wird halt immer was versprochen und die Verträge werden abgeschlossen, aber es wird nichts technisch probiert.“ (GB). Man müsste hierbei auch eine Fehlerkultur etablieren, um mögliche Schlüsse zeitgerecht ziehen zu können.

> „Ich glaube die große Chance ist, wenn du wirklich ein wirklich gutes Fintech erwischt, die vor allem auch gut darin sind ihre Produkte, ihre Leistungen zu integrieren, mit dem was du selber schon hast an Architektur. Das du damit von deren Lerneffekt profierten kannst“ (GB).

Da die Fintechs unterschiedlichen Leistungsbereichen zuzuordnen sind, ist ein direkter Vergleich schwierig. Interessanterweise ist bei zwei von drei Fintechs zu erkennen, dass diese, obwohl die Kooperation noch angehend ist, alle vier Expert/innen eine unterschiedliche Sichtweise zum aktuellen Status und dem Verlauf der Kooperation haben. Ebenso bestätigen sich gewisse Analogien und Abhängigkeiten der Unternehmen. Dazu zählt der Zugriff auf Technologien und Ressourcen, sowie die Möglichkeit eine Produktinnovation zu entwickeln.

5.5 Einschätzungen der Kooperationspartner/innen

Folgend werden die im Zuge der empirischen Untersuchung erhobenen Daten zu den Eigenschaften der jeweiligen Unternehmen diskutiert. Dabei wird insbesondere auf die in Kategorie

K6 zugeordneten Stärken und Schwächen der vier Unternehmen und deren gegenseitige Einschätzung eingegangen. Weiterführend wurden die Erfahrungen aus Alpha, Beta und Gamma der jeweiligen Interviewpartner/innen analysiert.

> „Ja, Kooperationen sind auf jeden Fall wichtig im Bankenbereich. Ich glaub das Problem von vielen etablierten Unternehmen ist, dass man einfach satt ist, man hat die Gewinne, das Business-Modell läuft gut und man wird natürlich ein bisschen blind dafür sich zu verändern und Anderes zu sehen - abseits des Weges, den man geht." (AB).

Die Stärken und Schwächen der Bank und der Fintechs haben sich großteils mit, der in Kapitel 2 aufgezeigten Literatur, bestätigt. Als Stärken der Fintechs werden deren agile Vorgehensweise und die dabei enthaltene iterative Lernkurve bestätigt. Ebenso wurde erwähnt, dass man die Kundenwünsche erkennen und darauf zeitnah reagieren kann. Zudem können die Fintechs sich auch besser als Banken auf Marktnischen spezialisieren. Dadurch können Kund/innen von weiteren Lösungen profitieren. Da, wie in Kapitel 5.4 beschrieben, alle drei Fintechs auf Kooperationen setzen bzw. sogar auf diese angewiesen sind, sehen sie auch hier ihre Stärke in einem kooperativen Arbeitsstil. Neben dem Status eines Jungunternehmens können aber auch alle drei Erfahrungen im Finanzsektor und erfolgreiche Referenzprojekte aufweisen (BF, GF, AF). Diese Faktoren werden auch von der Bank wertgeschätzt (AB, BB).

> Beim Fintech der Kooperation Beta wurde jedoch kritisiert, dass dieses „sieht sich aber immer als einen Premiumanbieter, obwohl sie eigentlich ein Start-up sind und ein Fintech und neu und innovativ. Sie meinen sie sind ein Premiumanbieter und die Preisgestaltung ist etwas komplizierter." (BB).

Die Fintechs sehen die Stärken der Bank an einem großen Kundenstamm und einer etablierten Marke (BF, GF, AF). Aufgrund der Umstrukturierung in der Bank wird die flache Hierarchie und die damit einhergehende schnelle Entscheidungsfindung hoch angesehen. Somit können die Entscheidungsträger/innen auch direkt eingebunden werden. Dadurch stellt sich diese Bank auch als attraktiver Kooperationspartner dar. Insbesondere bei Alpha haben sich beide Unternehmen auch öffentlich von Beginn an zu der Kooperation bekannt und gemeinsame mediale Stellungnahmen getroffen (AF, AB, BB, BF, GF).

Allerdings setzen Fintechs in erster Linie auf digitale Produkte und können daher nicht alle Banken bedienen. Alpha hingegen vereint die digitalen Lösungen der Bank mit den Filialmitarbeiter/innen. Dadurch sind sie jedoch wiederum von Banken abhängig, die auf mehreren Vertriebskanälen vertreten sind.

Sowohl der aktuelle Forschungsstand, als auch die Aussagen der Interviewpartner/innen stellen Fintechs als innovativ dar. Dennoch sieht sich die Bank in zwei von drei Kooperationen als Ideengeber. Bei Beta wollte man als Ausgangslage eine bereits vorhandene Funktionalität in der App neu implementieren. Weiterfolgend wollte die Bank eine bereits vorhandene Idee gemeinsam mit diesem Fintech umsetzen. Hier wurde insbesondere die gute Zusammenarbeit und eine Vertrauensbasis geschätzt, da das Fintech die Idee theoretisch auch mit einem/r anderen Partner/in verwirklichen hätte können. Auch bei Gamma wurde das Produkt und die Technologie des Fintechs adaptiert und in ein Produkt der Bank implementiert (AB, BB, BF, GF).

Ein Vorteil aller drei Kooperationen ist das Geschäftsmodell der Fintechs. Da anfallende Kosten nicht variabel und daher planbar abgerechnet werden, bilden diese eine attraktive Basis für die Bank. Außerdem ist der mediale Anreiz nicht außer Acht zu lassen. Kooperationen mit Jungunternehmen sind weiterhin sehr angesehen und werden von Kund/innen als innovativ und modern wahrgenommen. Dies lässt sich als generische Stärke und Vorteil von Kooperationen zuordnen (AB, BB).

BB sieht bei Kooperation Beta die Motivation des Fintechs und deren Einsatz als ersten und wesentlichen Erfolgsfaktor. Zusätzlich zu dieser Stärke sah man die Chance mit dem Fintech gemeinsam am österreichischen Markt Fuß zu fassen. Während sich bei zwei Kooperationen die organisatorischen Hürden und damit verbundenen fehlenden Verantwortlichkeiten als Herausforderung darstellten, ist bei Beta die Einschätzung der Bank anders. Hier wird die organisatorische Umstrukturierung zu diesem Zeitpunkt als Erfolgsfaktor erwähnt, da sich dadurch eine Person mit Fintech-Kooperationen beschäftigen konnte (AB, BB, BF, AF).

Im Bereich der Technologie gehen bei Gamma die Meinungen auseinander. Während das Fintech die Technologie als ausgereift betrachtet, ist man seitens der Bank der Meinung, dass nur 45 Prozent der Transaktionen korrekt kategorisiert werden. Trotz des attraktiven Preis-Leistungsverhältnisses und der geografischen Nähe zueinander, kommt es hier zu Schwierigkeiten in der Kommunikation. Schlussendlich sieht sich die Bank auch in der Lage die Technologie in nur wenigen Tagen selbst umsetzen zu können (GB, GF).

Alle Fintechs schätzen die Zusammenarbeit mit der Bank, vor allem im Bereich der offenen Kommunikation auf Augenhöhe, sehr. AF hat zusätzlich noch die rasche Entscheidungsfindung bankintern hervorgehoben (AF, BF, GF). Die Bank hingegen erfreut sich sehr am Innovationspotential durch die Kooperation mit Jungunternehmen. Hier setzt man neben der Nachhaltigkeit generell auch einen hohen Stellenwert auf Technologiefolgen (AB, BB).

Als größte Schwäche konnten personelle und technologische Ressourcen identifiziert werden. Die Bank schätzt die technologische Komplexität oftmals fehlerhaft ein und hat nicht die benötigten Ressourcen um Ideen zeitnah und iterativ selbst zu entwickeln. Dazu wurde als Beispiel ein aktuelles Digitalprojekt genannt, welches aufgrund dieser Schwächen bereits ein Jahr in Verzug geraten ist, da die davor vorhandenen Systeme erneuert werden mussten (AB, BB, GF). Allerdings wurde hier neben neuen Entwicklungen auch ein Changemanagement-Prozess durchgeführt. Neben der Transformation in eine agile Unternehmenseinheit wurde auch das Filialnetz reduziert und die digitalen Kanäle verstärkt weiterentwickelt. Dennoch sieht man die Stärken weiterhin in einer Omni-Channel Bank (AB, BB, GB).

Eine weitere Hürde stellte sich seitens der Bank beim Erstellen des Datenbestandes heraus. Da man nach dem Verweis auf die Fintech-Plattform die jeweiligen Berater/innen präsentieren und vermitteln wollte, ist dazu natürlich deren persönliche Zustimmung notwendig. Dabei war gerade am Beginn der Kooperation die Akzeptanz der Mitarbeiter/innen sehr gespalten und man konnte das Potential nicht vollständig ausnutzen. Da auf dieser Plattform auch andere Banken vertreten sind, gab es auch eine Hemmschwelle beim Einsatz von Marketinginstrumenten, weil man hier gleichzeitig auch Mitbewerber/innen bewerben würde (AB).

Die bisherige Literatur konnte hinsichtlich der Stärken und Schwächen der jeweiligen Unternehmen bestätigt werden. Bei den Einschätzungen der Kooperationspartner/innen ist man jedoch auf unterschiedliche Ansichten gestoßen. Während sich die Bank unflexibel hinsichtlich der Geschäftsmodelle zeigt, präsentiert sich Beta gleichzeitig als Jungunternehmen und Premiumanbieter. Die einerseits genannte Dynamik und Unabhängigkeit bei Fintechs ist jedoch mit der erkannten Abhängigkeit zu Multikanal- und Direktbanken zu widerlegen.

Eine weitere Schwäche der Bank ist die fehlende zuständige organisatorische Zuordnung dieser Thematik. Da dies von allen drei Fintechs und der Bank selbst erwähnt wurde, kann es als kritischer Erfolgsfaktor angesehen werden. Dafür wird von allen fünf Personen eine offene und direkte Kommunikation als positiv aufgezeigt und eingeschätzt.

Weiteres hat man auch bei Beta und Gamma auf beiden Seiten unterschiedliche Ansichten der Technologie. Dabei ist seitens der Bank die Schwäche aufzuzeigen, dass dieses Thema in der Evaluierungsphase nicht ausreichend beurteilt werden kann und benötigten Ressourcen nicht vorhanden sind. Auf diese Herausforderung wird im folgenden Kapitel eingegangen.

5.6 Chancen und Herausforderungen der Kooperationen

Da im Zuge dieser Arbeit Kooperationen als alternative Möglichkeit für einen nachhaltigen Erfolg der Unternehmen aufgezeigt werden sollen, werden in diesem Abschnitt Chancen und Herausforderungen der Kooperationen dargelegt. Neben der Kooperation als Potential an sich, wurde auch auf die möglichen Chancen einer gemeinsamen Produktweiterentwicklung eingegangen. Kategorie K1 kumuliert hier die Aussagen zu den Chancen mit dem Fokus auf die dahingehende gemeinsame Produktweiterentwicklung, sowie das Potential einer Kooperation als Innovationstreiber einer Bank. Die Herausforderungen wurden in der Auswertung der Kategorie K4 zugeordnet. Dabei werden Faktoren des Einführungsprozesses, sowie der Implementierung interpretiert.

> „Wir haben eine Lernkurve, bringen viel Erfahrung mit und bringen einfach die richtigen Menschen, die richtigen Ressourcen mit, um zu dem Zeitpunkt einfach auch dem Kooperationspartner das Produkt zu liefern, das er auch braucht. Die Chance ist eigentlich, dass man in kürzerer Zeit die Zielsetzung erreicht und gemeinsam erreichte und dass man in einer Win-Win-Situation ist.“ (BF).

Neben diesen Chancen sehen BF und AF jedoch für Banken die Herausforderung bzw. die Ausgangslage in deren dynamischen Wettbewerbsumfeld. Kund/innen erwarten sich immer mehr Nischenangebote, auf welche sich große Unternehmen nur schwer fokussieren können. Ebenso bewegt sich der Markt in die Richtung eines Ökosystems, bei welchem man nur gemeinsam vorankommen kann. Auch GF sieht Kooperationen als Notwendigkeit an: „Mittel- bis langfristig würde ich auf jeden Fall sagen ist es notwendig Kooperationen zu machen, weil es einfach ein ganz nachhaltiges Unternehmertum ist und eine Geschäftsbeziehung.“

AF sieht Banken auch als starke Partner/innen die Jungunternehmen Sicherheit bieten. Darunter fällt, dass regulatorische Vorschriften nicht alleine bewältigt werden müssen und man von einer bekannten Marke und dem Kundenstamm der Bank profitieren kann.

Die Expert/innen der Bank AB und BB sehen Kooperationen mit Fintechs auch als Innovationstreiber an. GB sieht hier auch die Chancen eines Change-Prozesses seitens der Bank zu verwirklichen. Da etablierte Banken, sowie alle Großunternehmen, ein bewährtes Geschäftsmodell aufweisen, fehlt es oftmals daran, über den Tellerrand zu blicken und neue Ideen zu entwickeln, sowie diesen nachzugehen. „Die sind eben in dem Umfeld wahrscheinlich auch nicht möglich, sondern ich glaube deswegen sind eben Kooperationen möglich, um eben von außen interessante neue Innovationen zu sehen […]“ (AB). Sowohl AB als auch BB sprechen von einem starken Anstieg von Fintechs und deren Netzwerk. Ohne Kooperationen könnten Banken kurzfristig hohe Verluste widerfahren. Auch hier wurde das in Kapitel 1 beschriebene Beispiel des Fintechs N26 genannt. Durch deren disruptive Innovation wurde das Geschäftsmodell des bewährten Girokontos grundlegend verändert. Durch eine mobile App, ohne Filialnetz und ohne Banklizenz konnte man hier in einem kurzen Zeitraum großen und etablierten Banken gegenübertreten.

Bei der Kooperation Alpha hat man seitens der Bank ein äußerst positives Resümee gezogen. „Geringe Kosten, der Nutzen war definiv da, auch wenn es ein PR-Nutzen war, aber es war ein Nutzen neue Kunden zu akquirieren und sichtbarer zu sein nach außen." (AB) Zusätzlich konnte auch ein Mehrwert auf mehreren Kanälen der Bank generiert werden.

Für Fintechs ist es mit ihren beschränkten Ressourcen hingegen kaum möglich den Prozess der FMA zu durchlaufen und eine österreichische Banklizenz zu erhalten. Banken könnten hier sogar regulatorische Anforderungen als Service und neues Geschäftsmodell anbieten und somit auch auf Fintechs zugehen. Aber nicht nur das Fintech profitiert von einer steigenden Bekanntheit durch eine Kooperation mit der Bank. Partnerschaften mit Jungunternehmen stoßen auf positive Wahrnehmung und Großunternehmen erfreuen sich dadurch mit einem jungen und dynamischen medialen Auftritt. Auch bei der Teilnahme oder der Finanzierung von Hackathons kann sich die Bank als agile und moderne Organisation, sowie als attraktive/r Arbeitgeber/in repräsentieren (AB, BB).

> „Deshalb sehe ich die Kooperation als notwendig an. Um nochmal die Faktoren nochmal hervorzuheben, um neue Innovationen ins Haus zu holen und neue Technologien auszuprobieren, um neue Denkmodelle oder Business-Modelle zu testen, um neues Talent zu akquirieren." (BB).

Neben der in Kapitel 5.2.1 beschriebenen Kooperation in Form eines Verweises, hat man begonnen ein weiteres Projekt mit dem Fintech zu starten. Dabei handelt es sich jedoch um eine externe Technologieverwertung. Hierbei ist man mit der Herausforderung der technischen Komplexität und der erhöhten Anzahl an Stakeholdern in der Bank konfrontiert (AB, AF). Bei Kooperation Beta wollte man gemeinsam an einer Produktinnovation arbeiten und die Kooperation verlängern. Aufgrund der organisatorischen Änderung in der Bank konnte sich AB/BB nun diesem Thema widmen und die fehlende treibende Kraft, sowie die Schnittstelle zu den Fintechs bilden (BB, BF). Gamma hingegen wurde unter einem anderen Ziel gestartet und findet mittlerweile bei einem weiteren Digitalprojekt seinen Platz. Zusammengefasst lässt sich sagen, dass bei Kooperationen auch hohes Potential für weitere Zusammenarbeit, bis hin zur Produktinnovation gegeben ist.

Der in Kapitel 1 beschriebene Anstieg von Fintech Unternehmen bringt auch bei den Jungunternehmen einen Wettbewerbsdruck mit sich. Da auch bei Nischenangeboten teilweise bereits mehrere Unternehmen ähnliche Produkte entwickeln, wird es schwieriger ein Alleinstellungsmerkmal aufrecht zu erhalten (BF).

Sowohl BF, als auch GF sind der Meinung die Kooperation durch erhöhte Kommunikation und einer verantwortlichen Person seitens der Bank beschleunigen zu können. AF hingegen sah die Kommunikation als ausreichend aber die Herausforderung darin, alle Stakeholder erwartungsgemäß zu involvieren. Für Banken sind dazu jedoch hohe interne Aufwendungen zu betreiben. Bei Alpha mussten zusätzlich auch Filialmitarbeiter/innen eingebunden und deren Daten evaluiert werden.

Die technische Komplexität wird seitens der Bank jedes Mals als kritisch erwähnt. Einerseits fehlt es zu Beginn an den benötigten Ressourcen dies einzuschätzen und andererseits während der Implementierung das Vorhaben schlussendlich umzusetzen. Aber auch die technische Lösung der Fintechs wird bei zwei von drei Kooperationen kritisiert. Während bei Beta die Technologie an sich zu wenig Anklang bei der Bank fand, zweifelt man bei Gamma nach mehreren Monaten der Zusammenarbeit überhaupt an der Technologie und deren Nutzen (AB, BB, GB).

> „Da gibt es auch irgendwelche Proof of Concept, da funktioniert es super und sobald du realistischer wirst, kommst du drauf: okay, du schaffst genau diese 100 Prozent nicht die du brauchst nicht, damit du sie in der Produktion verwenden kannst und da kommt man dann viel zu spät oft darauf oder zieht zumindest die Konsequenzen daraus viel zu spät.“ (GB).

Bei Beta und Gamma musste die technische Komplexität evaluiert werden. Zusätzlich müssen bereits geplante Ausgaben eingehalten werden, was durch ein variables Lizenzmodell erschwert wird. Ebenso ist es nicht abzuschätzen wie lange digitale Produkte, wie die mobile App, schlussendlich in Betrieb sein werden (AB, BB).

Für Banken ergibt sich die Chance bei Kooperationen neue Ideen zu generieren und umzusetzen, sowie auf die richtigen und benötigten Ressourcen zugreifen zu können. Dies kann vergleichsweise in einem kürzeren Zeitrahmen erfolgen. Die Herausforderung liegt dabei, regulatorische Rahmenbedingungen und Kund/innen auch ihre Erwartungen an Nischenangeboten erfüllen zu können. Großunternehmen bringen oftmals organisatorische Hürden mit sich. Kooperationen eignen sich für Banken auch dazu, einen Änderungsprozess zu durchlaufen und eine agile Arbeitsweise zu etablieren. Zusätzlich kann die Bank dadurch medial als junges und dynamisches Unternehmen auftreten und sich so auch als attraktive/r Arbeitgeber/in präsentieren. Dennoch muss die Bank im gesamten Prozess Fachkräfte zur Verfügung stellen, um zu evaluieren welchen Mehrwert man tatsächlich erreichen kann und wie sich der eigene Aufwand der Implementierung bewältigen lässt.

Neben der gegenseitigen Unterstützung in vielfältigen Themengebieten, profitiert die Bank von externem Wissen des Fintechs und der verkürzten Zeit der Produktentwicklung. Ebenso wird der Zugriff auf neue Technologien ermöglicht. Fintechs hingegen haben die Chance auf eine steigende Bekanntheit und Neukund/innen, sowie der Liquidität des Unternehmens. Zusätzlich zur Implementierung neuer Funktionalitäten in vorhandene Produkte und Services der Bank kann auch gemeinsam Innovation geschaffen werden. Dieses Potential hat Beta auch im Zuge eines dreitägigen Hackathons bewiesen und dort einen Prototyp zu einer aufkommenden Produktinnovation für den österreichischen Markt entwickelt.

5.7 Kritische Erfolgsfaktoren der Kooperationen

Die Kategorie K2 bildet den zentralen Kern der empirischen Untersuchung dieser Arbeit. Sie beinhaltet alle identifizierten Erfolgsfaktoren, welche sich aus den Interviews mit den fünf Expert/innen herausgestellt haben. Da bereits während der Auswertung mehrere Zusammenhänge erkannt wurden, besteht die K2 aus den drei weiteren Subkategorien Kommunikation, Ressourcen und Technologie.

Es konnten insgesamt sieben kritische Erfolgsfaktoren bei der Kooperation zwischen Banken und Fintechs im digitalen Privatkundengeschäft identifiziert werden. Diese werden nachfolgend in alphabetischer Reihenfolge beschrieben und in Kapitel 6 gesamtheitlich interpretiert.

Innovation

> „Erfolgsfaktor Nummer vier ist sicher die Innovation der Features und der Ausblick in die Zukunft, wenn man sagt das gerade dieses Steuerausgleichsthema-Feature etwas ganz Innovatives ist im Vergleich mit anderem, was andere nicht haben. Dann sieht man das hat durchaus Potenzial eben für mehr und das war sicher ein Erfolgsfaktor in die Zukunft zu blicken und zu sagen okay, wir haben da etwas erfolgsversprechendes für die Zukunft dabei." (BB).

Neben der gemeinsamen Entwicklung an einer Produktinnovation kann auch das Verlangen nach einer Funktionalität seitens der Bank die Ausgangslage für eine Kooperation bilden. Schlussendlich hat man bei Beta zu Beginn bereits gewusst was man möchte und, dass das Fintech dieses bieten kann. Allerdings konnte man die Kooperation erweitern, sodass eine bereits lange vorhandene Idee der Bank nun gemeinsam mit dem Fintech verwirklicht wurde (BB). Bei Alpha und Gamma stand jedoch von Beginn an der Verweis bzw. die Implementierung des Fintech-Produktes im Vordergrund.

> „Man zeigt man hat einen gewissen Wert für Innovation, man hilft kleinen Unternehmen, das ist alles sehr positiv besetzt und da ist sicher der erste Punkt, der erste Erfolgsfaktor, dass es einfach einen positiven medialen Wert hat für die Bank und das ist sicher einer der Erfolgsfaktoren, das Kooperationen einen positiven Ausstrahlungswert haben." (AB).

Trotz einer gemeinsamen Vision lassen sich einige Hemmschwellen identifizieren. Auch wenn Beta aktuell nicht weiterentwickelt wird, könnte das Fintech die Idee grundsätzlich auch mit einem/r anderen Kooperationspartner/in umsetzen. Bei Alpha hingegen ging man in dieser Bank den ersten Schritt Richtung Ökosystem in der Finanzbranche. Allerdings würden beim Einsatz von Marketinginstrumenten gleichzeitig auch die Mitbewerber/innen der Bank davon profitieren.

Neben neuen oder erweiterten Produkten zählt für die Bank auch das äußere Erscheinungsbild. Bei Kooperationen mit Fintechs ist man der Meinung innovativ und dynamisch wahrgenommen zu werden (AB, BB, AF). Schlussendlich sehen aber sowohl die Fintechs, als auch die Bank, Kooperationen als potentiellen Innovationstreiber. Während sich Fintechs die notwendigen Mitteln holen, wird der Bank der Zugang zu neuen Technologien und Denkmustern ermöglicht, sowie die Möglichkeit geboten vorhandene Ideen umzusetzen.

Kommunikation

Insbesondere bei Beta hatte man bei beiden Unternehmen andere Einschätzungen und Ansichten: „ehrliche Kommunikation, viel Transparenz, das heißt uns auch einmal sagen: „So läuft es nicht, so klappt es nicht." Aber auch genauso zurückzuspielen: „Was braucht ihr denn, dass es läuft." (BF). Hier ging die Motivation auch im Laufe der Kooperation verloren. Neben den unklaren Zielen wurden auch E-Mails nicht beantwortet und Telefonanrufe nicht entgegengenommen. (BF). Trotz der Sichtweise einer ehrlichen und transparenten Kommunikation gibt es unterschiedliche Wahrnehmungen des aktuellen Status in der Kooperation Beta und Gamma.

Aus diesem und den folgenden Gründen, wird die Kommunikation ebenso als kritischer Erfolgsfaktor bei Kooperationen zwischen Banken und Fintechs gezählt.

Auch Gamma sieht ein erhöhtes Verbesserungspotential an der Kommunikation, da man regelmäßige Abstimmungen erst nach mehreren Monaten eingeführt hat: „[...] ich glaube man hätte noch mehr kommunizieren können oder hätte öfters und regelmäßiger kommunizieren können." (GF). Dies hätte neben der generellen Transparenz auch technologische Hürden frühzeitig identifizieren und das gesamte Vorhaben beschleunigen können. Dafür wurde die von Beginn an offene und ehrliche Kommunikation sehr geschätzt. So konnten alle Erwartungshaltungen an die benötigten Entscheidungsträger/innen vermittelt werden (GF, GB).

Bei Alpha hat man auch von Beginn an Vorstandsmitglieder der Bank involviert und sich medial zu einer Zusammenarbeit geäußert. Zusätzlich dazu, schätzt es die Bank bei Alpha mit einem österreichischen Kooperationspartner zu arbeiten (AF, AB). Aber auch bei Beta hat man sich nach dem Hackathon gemeinsam mit dem Fintech medial geäußert (BB).

Insbesondere in der Anfangsphase ist es wichtig alle Stakeholder zu identifizieren und zu involvieren. „Und dann gibt es halt oft Befindlichkeiten, wenn jetzt jemand dann vor vollendete Tatsachen gestellt wird. Da kann es dann sein, dass jemand querschießt und das Projekt zum Scheitern bringen will, einfach aus einer Befindlichkeit, weil man vergessen wurde." (AF).

Generell waren sich alle Fintechs und die Bank einig, auf einer gleichen Ebene kommuniziert zu haben und sich somit kein Unterschied zwischen Jung- und Großunternehmen entwickelt hat (AB, BB, BF, AF, GF).

Kosten

Beide Interviewpartner/innen der Bank haben die Kosten als wesentlichen Wendepunkt in der Entscheidungsfindung definiert. Dadurch wurden auch die Kosten als kritischer Erfolgsfaktor aufgenommen.

„[...] es war eine faire Verhandlung, wo sich beide Seiten mit Rücksicht geeinigt haben." (GF). Auch seitens der Bank war bei allen potentiellen Partner/innen für diese Kooperation dieses Fintech mit ihrem Preis-Leistungsverhältnis am Attraktivsten (GB). Seitens der Bank beschleunigte neben dem planbaren Kostenmodell auch ein vergleichsweise niedrigerer Preis den Entscheidungsprozess.

„Der nächste Erfolgsfaktor ist sicher, auf die ich vorher schon eingegangen bin, die geringen Kosten, das die Kooperation nicht Unmengen kostet und für das Start-up selbst aber auch genug abgeworfen hat. Wir überlegen ja schon seit einiger Zeit. Das eben absehbare, abschätzbare Kosten für die Bank nicht so hoch waren, um sie durch verschiedenste Gremien zu bekommen.“ (AB).

Bei Beta war dies der Grund, warum die Kooperation aktuell angehalten oder gar gescheitert ist. Das Fintech selbst, sowie deren Motivation und der gemeinsam entwickelte Prototyp haben die Entscheidungsträger/innen der Bank bereits frühzeitig überzeugen können. Dennoch waren die Kosten für die Bank nicht transparent ersichtlich und man konnte diese nicht kalkulieren. Zusätzlich wurde die Funktion Fotoüberweisung bereits in der Vergangenheit einmal entwickelt und es gibt hier auch noch eine/n weitere/n Anbieter/in, was nun diese Kosten mit dem Angebot von Beta vergleichbar machen. Hinzu kommt noch, dass der Zeitplan für die App, welche damals in Entwicklung gewesen ist, noch unklar war und diese von den weiteren Schritten der Kooperation abhängt. Weiters ist auch zu berücksichtigen, dass das Fintech sich zwar als abhängig von Banken beschreibt, jedoch dennoch als Premiumanbieter/in auftreten möchte. Dessen ungeachtet beschreibt die Bank das Fintech als sehr kooperativ und schätzt das finanzielle Entgegenkommen in Form einer Vorleistung (BB, BF).

Kundenmehrwert

Ein wesentlicher Faktor bei einer agilen Arbeitsweise ist der Fokus auf die Kund/innen. Da sich alle vier Unternehmen den Kundenmehrwert auch grundsätzlich bei jeder Produktentwicklung als Ziel setzen, wurde auch dieser bei den kritischen Erfolgsfaktoren ergänzt.

„Somit profitieren die Bankkunden von den Lösungen, die Kooperationspartner […] und ihren Kunden kommt es zu Gute. Die Start-ups profitieren davon einen großen Partner zu haben, der viele Kunden hat, wo man eben an den Enduser rankommt, wo man auch diese Markenvertrautheit, die wir in Österreich bei den Banken haben […]“ (AF).

„Am Ende profitiert immer der Kunde, der Bankkunde und das ist das Geniale an den Dingen.“ (AF). Dieses Zitat fasst die Ansichten bzw. die generelle Zielsetzung aller vier Unternehmen zusammen, da immer der Kundenmehrwert als Zielsetzung angestrebt wurde.

Personelle Ressourcen

Neben den finanziellen Ressourcen gilt es auch personelle Ressourcen für und während einer Kooperation von beiden Unternehmen bereitzustellen. Seitens der Bank gibt es nach wie vor keine eigene organisatorische Einheit, welches sich auf Kooperationen mit Fintechs fokussiert.

Dahingehend verfügen einige andere Banken über ein mehrköpfiges Team zu diesem Gebiet (AB, BB, BF, AF). „Das sehe ich jetzt durchaus als gewissen Schwachpunkt im Unternehmen [...]" (BB).

Zusätzlich zum Management der Kooperationen fehlen auch Fachexpert/innen um technische Urteile treffen zu können. Bei Gamma wurden seitens des Fintechs am Beginn der Kooperation zwei Vorschläge zur IT-Infrastruktur offengelegt. Die Bank hat anschließend drei Monate benötigt um diese Entscheidung zu treffen und das obwohl man bereits einen Zeitdruck in diesem Projekt hatte. Auch danach waren die Zuständigkeiten unklar bzw. konnte die Bank die benötigten Installationen nicht zeitnah umsetzen. Dadurch hat man erneut Zeit verloren und konnte somit erst kurz vor der Fertigstellung feststellen, dass die Funktionalität nicht wie erwartet gegeben ist (GB, GF).

Technologie

Auch wenn die Bank Schwierigkeiten hat die technologische Komplexität zuzuordnen, schätzt GF die Offenheit dazu sehr. Grund dafür ist, dass Vorschläge zu Technologien und Vorgehensweisen nicht gleich verworfen, sondern gemeinsam diskutiert und evaluiert werden (GF). Dennoch sehen manche Expert/innen der Bank einen Mangel an iterativen technischen Beurteilungen im Zuge der Umsetzung (GB, BB).

Bei Beta hat man seitens der Bank die Technologie an sich nicht so wie seitens des Fintechs erwartet wertgeschätzt. Dazu hätte man den Mehrwert der Technologie, die das Fintech entwickelt hat besser aufzeigen müssen. So hätte man den, am Ende genannten Preis, eventuell doch rechtfertigen können (BF, BB).

Neben der gemeinsamen Umsetzung ist dieser Bereich aber auch zu Beginn maßgeblich. Während man bei Alpha von Beginn an eine klare Ansicht des Produkts ermöglicht hat, wurden bei Gamma die versprochenen Ergebnisse noch lange nicht erreicht (AF, GB). Dennoch wäre es auch bei Alpha zu Verzögerungen gekommen, wenn bei diesem Verweis mehr Ressourcen der Bank benötigt worden wären (AB).

Seitens der Bank wurde die technische Komplexität und der in der Implementierung verbundene Aufwand bei jeder Kooperation als kritischer Punkt erwähnt. Neben dem fehlenden Verständnis bei der Evaluierung, fehlte es auch während der Implementierung und Entwicklung am Fachwissen und den benötigten Ressourcen. Allerdings sieht die Bank eindeutig den Zugang zu einer neuen Technologie als Erfolgsfaktor an (AB, BB, GB). Aus diesen Gründen wird die Technologie ebenso als kritischer Erfolgsfaktor aufgenommen.

Zusammenarbeit

Neben den bisher vorgestellten Erfolgsfaktoren ist es ebenso von hoher Wichtigkeit eng zusammenzuarbeiten und den gegenseitigen Mehrwert zu nutzen und zu schätzen (GB).

> „Also ich hätte, ich sage jetzt mal zu Beginn hatten wir einen super Start. Ich glaube das war dann auch eine Kooperation auf Augenhöhe und zu Beginn hatte ich auch das Gefühl, dass die Zielsetzung auch die gleich ist." (BF).

Der Geschäftsführer GF sieht die Zusammenarbeit und die gegenseitige Unterstützung und Wertschätzung als wesentlichen Erfolgsfaktor. Man hätte das Vorhaben zum Scheitern bringen können, sobald die Bank regulatorische Vorschriften, regelmäßige Audits und interne Compliance-Regelungen verlangt hätte. Dies wäre für das Jungunternehmen nicht machbar gewesen.

„Erfolgsfaktor Nummer eins ist sicher die Motivation von Beta gewesen was abzuliefern, an diesem Feature, das läuft, das innovativ ist und das für uns einen Mehrwert bringt." (BB). Diese Motivation konnte von Beginn an aufgezeigt werden, da man bereits nach den Erstgesprächen die Idee konzipiert und gemeinsam einen Prototyp am Hackathon entwickelt hat. Dadurch war auch eine nahe und enge Zusammenarbeit gegeben. (BB, BF).

Als Fazit der Zusammenarbeit als kritischen Erfolgsfaktor lässt sich sagen, dass alle Fintechs die ehrliche Kooperation auf Augenhöhe schätzen. Dahingehend ist auch eine rasche Entscheidungsfindung bemerkbar. Aber auch die Bank hat diesen Faktor hoch priorisiert und sieht auch ein generelles Innovationspotential durch die Zusammenarbeit mit Fintechs. Dadurch konnte auch bankintern eine Lernkurve hinsichtlich der Arbeitsweise erreicht werden. Allerdings ist dieser Change-Prozess mit hohem Ressourceneinsatz eine zusätzliche Belastung für Kooperationen.

5.8 Maßnahmen des Prozessdesigns

In den vorherigen Kapiteln wurden die empirischen Datenbestände interpretiert und dargestellt. Abschließend wird hier die Kategorie K5 „Prozessdesign" zusammengefasst. Neben der Identifikation von kritischen Erfolgsfaktoren bei Kooperationen zwischen Banken und Fintechs, sollen auch Handlungsmaßnahmen aufgezeigt werden. Dabei handelt es sich um Maßnahmen, welche von der Bank gesetzt werden können, um zukünftige Kooperationen hinsichtlich des Prozessdesigns zu optimieren. Dieses Prozessdesign erstreckt sich vom Erstkontakt über den Einführungsprozess, bis hin zur Implementierung und der Vermarktung.

Sowohl die Bank, als auch das Fintech bei Kooperation Beta haben positive Eindrücke nach der gemeinsamen Teilnahme eines Hackathons geschildert. Dort konnte die Idee frühzeitig auf ihre Machbarkeit überprüft und die Zusammenarbeit auf die Probe gestellt werden. Dabei konnte man auch vor dem eigentlichen Beginn die technische Komplexität evaluieren. Dies hätte sich bei Gamma auch positiv gezeigt. Ebenso war das benötigte Budget, sowie der Zeitplan auch nach den ersten Gesprächen weiterhin unklar (BB, BF, GB). Jede Kooperation sollte am Beginn bereits in den Erstgesprächen von eine/r Fachexpert/in seitens der Bank evaluiert werden. Dieser Faktor wurde ebenfalls in jedem Interview als kritisch erwähnt.

„Das wir alles liefern, dass wir alles bauen, dass wir einfach mehr Einsatz zeigen und die Bank ein Budget setzt und dafür muss das dann passieren. Das lief dann aus unserer Sicht nicht mehr partnerschaftlich ab.“ (BF). Neben den unterschiedlichen Erwartungshaltungen wurden auch einige Stakeholder nicht involviert (BF, AF). Auch bei Gamma wurde mehrfach erwähnt, dass die Stakeholder beider Unternehmen unterschiedliche Zielsetzungen vor Auge hatten.

Bei allen Kooperationen und Expert/innen wurde ersichtlich, dass es auf beiden Seiten mindestens eine verantwortliche Person geben muss, die dieses Thema aktiv betreut und zur Verfügung steht. Im Laufe der Kooperation Beta wurde AB für alle Fintech-Agenden in der Bank beauftragt und dafür freigestellt. Nach kurzer Zeit konnte man dabei bereits wesentliche Verbesserungen in der Kommunikation und der Zusammenarbeit bemerken.

Folgend sollen die empfohlenen Maßnahmen übersichtlich dargestellt werden. Grundsätzlich eignet sich auch bei Kooperationen immer der Einsatz von Projektmanagementmethoden. Auf Basis der sechs Interviews mit drei unterschiedlichen Kooperationen werden folgende Handlungsempfehlungen für das Prozessdesign der Bank empfohlen:

- Aufbau einer organisatorischen Einheit, welche sich ganzheitlich um Kooperationen mit Fintechs beschäftigen und somit das gesamte Potential ausschöpfen kann. Dadurch kann der dynamische Fintechsektor auch durchgängig beobachtet und Potentiale frühzeitig erkannt werden. Da die Bank neben einem Produktzukauf auch Innovation generieren, Technologien versuchen und Geschäftsmodelle testen möchte, hat diese Maßnahme einen hohen Stellenwert.
- Um eine übergreifende Transparenz zu schaffen sollten bereits nach dem Erstkontakt alle Stakeholder identifiziert und involviert werden. Dadurch kann frühzeitig eine gemeinsame Sichtweise und Zielsetzung definiert, sowie eine einheitliche Erwartungshaltung

erfolgen. Insbesondere wenn die Kooperation mehrere Kanäle der Bank übergreifend beeinflusst, ist mit erhöhten Aufwänden und Auswirkungen zu rechnen.

- Im Gremium der Entscheidungsträger/innen empfiehlt es sich dieses seitens der Bank mit eine/n technische/n Fachexpert/in zu besetzen. Dadurch können der Aufwand und die generelle Machbarkeit frühzeitig abgewogen und die benötigten Ressourcen kalkuliert werden.
- Es hat sich die gemeinsame Vorleistung bei der Erstellung eines Prototyps und der damit verbundene Machbarkeitsnachweis bereits bewährt. Es empfiehlt sich diesen Schritt im Prozessdesign zu etablieren und Tests unter realen Bedingungen und Daten der Banksysteme durchzuführen. Nach der Durchführung der genannten Schritte ist es möglich ein realistisches Angebot zu erstellen und die daraus resultierenden Kosten zu kalkulieren.
- Während der Kooperation empfiehlt es sich anfangs getroffene Entscheidungen iterativ neu zu betrachten und gegebenenfalls zu steuern. Dabei lassen sich auch Möglichkeiten einer gemeinsamen Produktinnovation aufzeigen.

Diese Kapitel beendet den empirischen Teil dieser Masterarbeit. Kapitel 6 wird die Ergebnisse kumuliert betrachten, interpretieren und dadurch die Forschungsfrage explizit beantworten. Dazu werden die identifizierten Erfolgsfaktoren übersichtlich in einer Tabelle dargestellt und sinngemäße Aussagen getroffen und analysiert. Kapitel 7 beschäftigt sich abschließend mit einem Resümee dieser Arbeit, gibt einen Ausblick dieses Themengebietes und zeigt weitere potentielle Forschungsfelder auf.

6 Interpretation und Darstellung der Ergebnisse

Stellt man etablierte Unternehmen und Jungunternehmen wie Fintechs gegenüber, so sieht man auf den ersten Blick viele Unterschiede. Allerdings möchten sich beide am Markt behaupten und erfolgreich agieren. Eine Bank kann als etabliertes Unternehmen den Antrieb bieten, während ein Fintech die gewisse Flexibilität und neue Technologien mit sich bringt.

Kapitel 5 hat sich ausführlich mit dem empirischen Teil dieser Masterarbeit beschäftigt. Dazu wurde die Multiple Case Study und die darin enthaltenen Fallstudien erläutert und die erhobenen Daten ausgewertet und dargestellt. Die Ergebnisse werden in diesem Kapitel gesamtheitlich interpretiert und dargestellt. Dazu wird die Forschungsfrage dieser Arbeit explizit beantwortet.

Innovative technologische Entwicklungen und neue digitale Geschäftsmodelle stellen die Finanzbranche auf den Kopf. Diese Einflussfaktoren wurden zunächst von Fintechs als alternative Finanzdienstleister/innen erkannt. Es ist allerdings auf Seiten der Bank, als auch der Fintechs ein Umdenken zu erkennen. Diese Unternehmen haben erkannt, dass Kooperationen für alle Beteiligten einen Mehrwert bringen können und man einen möglichen, für beide Seiten verlustreichen Wettbewerb, vermeiden kann.

> „Am Anfang war es für Banken sehr komisch mit Start-ups zu kooperieren, das war vielleicht schon in anderen Branchen mehr üblich, als in der Finanzbranche, und heute ist es klar, dass es für beide Seiten einen großen Mehrwert bietet." (AF).

Erfolgreiche Produkte und Dienstleistungen können oftmals nur entstehen, wenn Unternehmen ihre organisatorischen Grenzen überschreiten und Kooperationen eingehen, um gemeinsam etwas zu verändern. Alle vier befragten Unternehmen sehen Kooperationen miteinander als Notwendigkeit an. Das Fintech der Kooperation Beta ist sogar der Meinung, dass es ohne Kooperationen gar nicht möglich wäre ihr Geschäftsmodell umzusetzen, da ihre Softwarelösung darauf ausgelegt ist, in bestehende Produkte integriert zu werden. Denn sie „brauchen aber letztendlich die Bankinstitution [...] dass uns dann letztendlich einsetzt dazu um das Ganze auch zu realisieren." (BF). Seitens der Bank liegt die Erwartungshaltung an „[...] neue Innovationen ins Haus zu holen und neue Technologien auszuprobieren, um neue Denkmodelle oder Business-Modelle zu testen, um neues Talent zu akquirieren." (AB).

Die Bank sieht sich mit neuen Geschäftsmodellen, neuen Marktteilnehmer/innen, sowie regulatorischen Änderungen konfrontiert. Die Fintechs hingegen sind auf einen großen Partner angewiesen und erfreuen sich an Liquidität und Bekanntheit durch eine strategische Partnerschaft. Durch diese Faktoren wächst der Bedarf Kooperationen einzugehen und zeigt diese als attraktives Modell für den nachhaltigen Erfolg von Banken und Fintechs auf. Da zwei von drei Kooperationen bereits in einem weiteren Bereich fortgeführt werden ist der Mehrwert dieser ersichtlich. Neben der externen Technologieverwertung arbeitet man bei Beta sogar an einer Produktinnovation in Zusammenarbeit mit der Bank. Fintechs werden sowohl in der Literatur, als auch von den Expert/innen der Bank mit Innovation in Verbindung gebracht. Die Bank hat daher auch die Chance bei Kooperationen neue Ideen zu generieren, und weiters bereits vorhandene mit den notwendigen Ressourcen umsetzen zu können. Die Chance der Kooperation als Innovationstreiber einer österreichischen Bank im digitalen Privatkundengeschäft ist somit gegeben.

Bezüglich des Prozessdesigns wurden in erster Linie Maßnahmen in der Anfangsphase der Kooperationen aufgezeigt. Hier bietet sich an, die Lösung des Fintechs zeitnah und unter realen Bedingungen in den Banksystemen zu testen um die technische Machbarkeit überprüfen und abwiegen zu können. Auch wenn das Jungunternehmen hier eine Vorleistung mit personellen und finanziellen Ressourcen tätigen müsste, bietet es eine Basis für die Einigung auf eine Kooperation.

Neben der Komptabilität der Technologien wird die fehlende organisatorische Verantwortung seitens der Bank als stärkster Einflussfaktor genannt. Vier von fünf Expert/innen sind der Meinung die Kooperation durch eine zuständige Person oder Organisationseinheit beschleunigen bzw. weiter fortsetzen zu können. Diese Verantwortlichen müssen dann zu Beginn bankenintern eine Stakeholderanalyse durchführen um alle involvierten Bereiche und Abteilungen zeitgerecht in die Kooperation zu integrieren.

Um die Ergebnisse des empirischen Teils dieser Arbeit nochmals zusammengefasst darzustellen, wurden in Tabelle 6 alle identifizierten kritischen Erfolgsfaktoren aufgelistet. Zu jedem kritischen Erfolgsfaktor wurde anhand der Interviewergebnisse eine sinngemäße Aussage getroffen und in der dritten Spalte die Expert/innen aufgelistet, welche zu dieser sinngemäßen Aussage zuzuordnen sind.

Kritische Erfolgsfaktoren	**Sinngemäße Aussage**	**Nennung von:**
Innovation	Kooperationen mit Fintechs eignen sich als Innovationstreiber für Banken und stellen dies auch nach außen dar.	AB, BB, BF, GF, AF
Kommunikation	Es ist notwendig von Anfang an alle Stakeholder zu identifizieren und in die Kooperation zu integrieren. Dennoch ist eine ständige Kommunikation auf Augenhöhe ausschlaggebend für eine gemeinsame Zielsetzung und Erwartungshaltung.	GF, AF, GB, BF
Kosten	Wenn die anfallenden Kosten von Beginn an transparent aufliegen können Entscheidungen zeitnah getroffen werden.	AB, BB, GB, GF
Kundenmehrwert	Schlussendlich ist es wichtig, dass dem/der Kund/innen der Bank ein Mehrwert durch diese Kooperation geschaffen wird.	AF, AB, BB, BF, GB
Personelle Ressourcen	Es müssen bei der Kooperation in beiden Unternehmen Verantwortlichkeiten definiert	AB, BB, BF, AF, GB, GF

	und Personen für dieses Vorhaben zur Verfügung gestellt werden.	
Technologie	Sowohl zu Beginn, als auch während der Kooperation können durch iterative Evaluierung der technischen Komplexität Unklarheiten vorgebeugt und aufkommende Ressourcenengpässe identifiziert werden.	GF, BF, BB, AB, AF, GB
Zusammenarbeit	Durch eine gemeinsame Produktweiterentwicklung können Innovation geschaffen und Changemanagement-Prozesse realisiert werden.	BB, BF, GB, GF

Tabelle 6: Übersicht der identifizierten kritischen Erfolgsfaktoren (eigene Darstellung)

Interessanterweise hängt die Erfolgsquote der Kooperationen von den in Kapitel 2.4 beschriebenen, unterschiedlichen Ansätzen ab. Während sich bei einer externen Technologieverwertung eine Verzögerung bei beiden Kooperationen beobachten lässt, bietet der Verweis hier eine rasche und kostengünstige Umsetzung.

Abschließend sollen die identifizierten Erfolgsfaktoren noch mit denen in der Literatur bereits vorhandenen Informationen gegenübergestellt werden. Neben der Festlegung der Unternehmensziele wird der Aufbau eines strukturierten Prozessdesigns als Erfolgsfaktor genannt. Dieser wird jedoch nicht weiter erläutert und wurde in dieser Masterarbeit detailliert analysiert und Handlungsempfehlungen abgegeben. Auch die Erfolgsfaktoren Kommunikation, Kosten, Kundenmehrwert und Technologie konnten ergänzt werden (Berdak 2016).

Die Multiple Case Study wurde in den vergangenen Kapiteln ausführlich dargelegt und die empirischen Daten ausgewertet. In diesem Kapitel wurden die Ergebnisse zusammengefasst interpretiert und dargestellt. Ebenso wurde die Forschungsfrage dieser Arbeit beantwortet. Kapitel 7 gibt abschließend noch ein Resümee dieser Arbeit und einen Ausblick zu dem behandelten Themengebiet.

7 Resümee und Ausblick

Durch die Digitalisierung und den dynamischen Verhältnissen der Marktsituation werden Unternehmen aller Branchen vor neue Herausforderungen gestellt. Österreichische Banken müssen einer Vielzahl an regulatorischen Anforderungen und neuen Wettbewerbsbedingungen gerecht werden. Neben Fintechs und den Technologiekonzernen GAFA treten auch Unternehmen aus anderen Branchen in den Finanzmarkt ein. Dies zwingt alle etablierten Finanzinstitute zu reagieren, bietet jedoch gleichzeitig eine attraktive Basis die organisatorischen Grenzen der Bank zu überschreiten und Kooperationen mit Fintechs einzugehen.

Das primäre Ziel dieser Masterarbeit war anhand drei Kooperationen mittels einer Multiple Case Study kritische Erfolgsfaktoren für eine österreichische Bank zu identifizieren. Durch das Engagement der fünf Expert/innen konnten aufschlussreiche Ergebnisse erhoben werden. Die Personen waren sehr aufgeschlossen und teilten ihre Ansichten und Erfahrungen ausführlich. Es konnten somit verschiedene Indikatoren aus der Praxis und der vorhandenen Literatur evaluiert und Zusammenhänge abgeleitet werden. Im Sinne der qualitativen Sozialforschung konnten die daraus resultierenden Datenerhebungen deren individuellen Situationen gegenübergestellt und neue Erkenntnisse erzielt werden. Dazu wurden in Zusammenarbeit mit einer österreichischen Bank drei Kooperationen mit Fintechs im Bereich digitales Privatkundengeschäft analysiert und bearbeitet. Die Kooperationsansätze bildeten den Verweis und die externe Technologieverwertung. Ebenso sollen Kooperationen zwischen Banken und Fintechs als vielversprechende Alternative aufgezeigt werden. Dazu wurden unterschiedliche Chancen und Erfahrungen der Expert/innen evaluiert, diskutiert und bewertet. Zusätzlich wurden anhand des ermittelten Datenmaterials Handlungsmaßnahmen für die Bank aufgezeigt. Diese werden nach Abgabe dieser Masterarbeit auch einem Gremium der Bank präsentiert, um zukünftige Kooperationen hinsichtlich des Prozessdesigns zu optimieren.

Diese Masterarbeit hat gezeigt, dass Kooperationen zwischen Banken und Fintechs im Vergleich zu Incubator- und Accelerator-Programmen sowie Risikokapitalfinanzierungen eine attraktive Basis für einen nachhaltigen Erfolg ermöglichen können. Es hat sich jedoch auch herausgestellt, dass dies stark von der Kooperationsform abhängt. Während eine Kooperation mit einem Verweis erfolgreich und in kurzer Zeit realisiert wurde, beanspruchen die Kooperationen mit einer externen Technologieverwertung wesentlich höhere Ressourcen seitens der Bank. Neben dem hohen Ressourcenaufwand bringt auch die technische Komplexität, sowie nicht abschätzbare Kosten eine Hemmschwelle mit sich und sorgt für Verzögerungen oder gar einen Stillstand der Kooperation. Dies lässt sich damit bestätigen, dass sich die Kooperationen Beta und Gamma in einem ungewissen Stadium befinden. Alpha hingegen wurde als erfolgreich abgeschlossen und als quick-win bezeichnet. Allerdings hat die Bank bei einem Verweis generell wesentlich weniger personelle und finanzielle Ressourcen aufzubringen.

Während Fintechs auf neue Technologien aufbauen und agile Prozesse leichter etablieren können stehen Banken dahingehend vor einer Herausforderung. Dafür können die Finanzinstitute regulatorische Anforderungen umsetzen und einen vertrauten Kundenstamm vorweisen. In diesen und weiteren Bereichen sind Analogien, sowie Gegensätze und somit auch Potential für gemeinsame Kooperationen zu erkennen. Es wurde festgestellt, dass die beiden Akteur/innen in dieser Kooperation nicht autonom handeln können, sondern voneinander abhängig sind. Die Leistung beider Parteien ist Teil einer Gesamtheit. Diese Abhängigkeiten können sich als Treiber, aber auch als Spannungsfeld herausstellen. Daher ist es wichtig bereits zu Beginn Ziele und Inhalt mit allen Teilnehmer/innen abzustimmen und regelmäßig neu zu evaluieren.

Auf Basis der hier erhobenen Ergebnisse lassen sich weitere potentielle Forschungsthemen ableiten. Sowohl in der Literatur, als auch in der Praxis ist zu erkennen, dass sich der Finanzsektor zu einem digitalen Ökosystem transformieren könnte. Durch den stetigen Anstieg von Fintechs, dem Markteintritt der Technologiekonzerne, sowie den bereits etablierten Finanzinstituten könnte sich ein intensiver Druck auf alle Mitbewerber/innen ausüben. Es könnte jedoch auch eine geringe Anzahl an digitalen Plattformen entstehen und wenige Oligopole die Teilmärkte bedienen. Dadurch wird es Jungunternehmen nicht mehr möglich sein auf eine Vielzahl von potentiellen Kooperationspartnern zurückzugreifen. Als Ausblick soll ebenso mitgegeben werden, dass sich die Bank der Zukunft vom etablierten Finanzdienstleister zu einem Technologieunternehmen entwickeln wird. Dadurch müssen sich Banken auch mit dem steigenden Fachkräftemangel auseinandersetzen und sich als attraktiver Arbeitgeber präsentieren.

Abschließend lässt sich zusammenfassen, dass Kooperationen von strategischer Bedeutung sind und man gemeinsam einen Wettbewerbsvorteil erreichen kann. Sowohl Fintechs als auch Banken versuchen regelmäßig deren Kund/innen einen Mehrwert zu generieren und ihren Kundenzugang auszubauen. Jedoch kann ein/e gemeinsame/r Kund/in letztendlich für beide Seiten wertvoll sein. Zusätzlich haben Kooperationen zwischen der österreichischen Bank und den drei Fintechs einen Einflussfaktor auf deren Innovationsmanagement aufgezeigt. Die vor wenigen Jahren noch als Disruptor angesehenen Fintechs entwickeln sich in dieser Branche immer mehr zu potentiellen Kooperationspartner/innen und Innovationstreibern.

8 Literaturverzeichnis

Alt, Rainer/Puschmann, Thomas (2016). Digitalisierung der Finanzindustrie. Grundlagen der Fintech-Evolution, Berlin, Heidelberg.

Ankenbrand, Thomas/Dietrich, Andreas/Bieri, Denis (2018). IFZ FinTech Study 2018. An Overview of Swiss FinTech.

BaFin (2016). FinTechs: Junge IT-Unternehmen auf dem Finanzmarkt, Online: https://www.bafin.de/SharedDocs/Veroeffentlichungen/DE/Fachartikel/2016/fa_bj_1601_fintechs.html (27.12.2018).

Becker, Hans Paul (1997). Bankbetriebslehre, Ludwigshafen (Rhein).

Berdak, Oliwia (2016). How To Work With Fintech Startups. Partner With Financial Technology Startups To Boost Innovation, Online: https://www.forrester.com/report/How+To+Work+With+Fintech+Startups/-/E-RES122988 (09.08.2018).

BMF (2018). Richtlinie über Zahlungsdienste. Payment Services Directive (PSD II), Online: https://www.bmf.gv.at/finanzmarkt/finanz-kapitalmaerkte-eu/PSD_II.html (06.01.2019).

Bottazzi, L./Da Rin, M. (2002). Venture capital in Europe and the financing of innovative companies, Economic Policy (17), 229–270.

Brock, Harald/Bieberstein, Ingo (Hg.) (2015). Multi- und Omnichannel-Management in Banken und Sparkassen. Wege in eine erfolgreiche Zukunft, Wiesbaden.

Brühl, Volker/Dorschel, Joachim (Hg.) (2018). Digital Banking, Wiesbaden.

Buse, Stephan (2000). Wettbewerbsvorteile durch Kooperationen. Erfolgsvoraussetzung für Biotechnologieunternehmen, Wiesbaden.

Bussmann, Oliver (2017). The Future of Finance: FinTech, Tech Disruption, and Orchestrating Innovation, in: Francioni, Reto/Schwartz, Robert A. (Hg.) Equity Markets in Transition. The Value Chain, Price Discovery, Regulation, and Beyond, Cham, 473–486.

comdirect (2018). Fintech-Studie 2018, Online: https://www.comdirect.de/cms/media/comdirect_Fintech_Studie_2018.pdf (31.12.2018).

Deeken, Michael/Fuchs, Tobias (2018). Agiles Management als Antwort auf die Herausforderungen der Digitalisierung. Praktische Erkenntnisse und Gestaltungshinweise für die Bankenbranche, Wiesbaden.

Deloitte (2018). EMEA Digital Banking Maturity 2018. How to become a Digital champion and why only few succeed?, Online: https://www2.deloitte.com/DigitalBankingMaturity (04.12.2018).

derbrutkasten (2018). N26: 1 Mio.-User und 1 Mrd. Euro monatliches Transaktionsvolumen, Online: https://www.derbrutkasten.com/n26-1-mio-user-und-1-mrd-euro-monatliches-transaktionsvolumen/ (05.09.2018).

Donati, Angelica Krystle (2018). 7 Questions On Proptech That Will Make You Sound Like A Pro, Online: https://www.forbes.com/sites/angelicakrystledonati/2018/09/24/7-questions-on-proptech-that-will-make-you-sound-like-a-pro/#5b143785bae7 (31.12.2018).

Ebster, Claus/Stalzer, Lieselotte (2013). Wissenschaftliches Arbeiten für Wirtschafts- und Sozialwissenschaftler, Wien.

Europäische Union (2015). Richtlinie (EU) 2015/2366 des europäischen Parlaments und des Rates vom 25.11.2015 über Zahlungsdienste im Binnenmarkt, zur Änderung der Richtlinien 2002/65/EG, 2009/110/EG und 2013/36/EU und der Verordnung (EU) Nr. 1093/2010 sowie zur Aufhebung der Richtlinie 2007/64/EG. Richtlinie (EU) 2015/2366 des europäischen Parlaments und des Rates.

fintechaustria (2018). Mission - Fintech Austria | Community and Interest Group for the Austrian Fintech Sector, Online: http://fintechaustria.org/ (06.01.2019).

Gabler Wirtschaftslexikon. Definition: Kooperation, Online: https://wirtschaftslexikon.gabler.de/definition/kooperation-39490 (06.01.2019).

Gartner (2018). Gartner Says Digitalization Will Make Most Heritage Financial Firms Irrelevant by 2030, Online: https://www.gartner.com/en/newsroom/press-releases/2018-10-29-gartner-says-digitalization-will-make-most-heritage-financial-firms-irrelevant-by-2030 (06.01.2019).

Gerring, John (2004). What Is a Case Study and What Is It Good for?, American Political Science Review (98), 341–354, Online: 10.1017/S0003055404001182.

Gerybadze, Alexander (2004). Technologie- und Innovationsmanagement. Strategie, Organisation und Implementierung, München.

Gläser, Jochen/Laudel, Grit (2010). Experteninterviews und qualitative Inhaltsanalyse als Instrumente rekonstruierender Untersuchungen, Wiesbaden.

Gomber, Peter/Koch, Jascha-Alexander/Siering, Michael (2017). Digital Finance and FinTech: current research and future research directions, Journal of Business Economics, 537–580.

Hagenhoff, Svenja (2008). Innovationsmanagement für Kooperationen.

Hauser-Spühler, Gabriela (2017). Innovation vs. Regulation. Compliance im Digital-Finance-Bereich, Zürich/Basel/Genf.

hodoschek, andrea (2018). Löger bastelt an beaufsichtigter Krabbelstube für FinTechs, Online: https://kurier.at/wirtschaft/loeger-bastelt-an-beaufsichtigter-krabbelstube-fuer-fintechs/400365449 (05.01.2019).

Holotiuk, Friedrich/Klus, Milan Frederik/Lohwasser, Todor Stefan (2018). Motives to Form Alliances for Digital Innovation: The Case of Banks and Fintechs, in: Pucihar, Andreja et al. (Hg.) Digital transformation. Meeting the challenges: conference proceedings, Maribor/Kranj, 301–315.

IT Finanzmagazin (2018a). 850 Kooperationen mit Fintech-Startups · IT Finanzmagazin, Online: https://www.it-finanzmagazin.de/850-kooperationen-banken-versicherer-fintechs-fintech-startup-79492/ (21.10.2018).

IT Finanzmagazin (2018b). Branchenkompass Banking 2018: Banken und FinTechs würden verschmelzen statt sich zu verdrängen · IT Finanzmagazin, Online: https://www.it-finanzmagazin.de/branchenkompass-banking-2018-banken-und-fintechs-wuerden-verschmelzen-statt-sich-zu-verdraengen-77465/ (27.12.2018).

Knack, Robert (2006). Wettbewerb und Kooperation. Wettbewerberorientierung in Projekten radikaler Innovation, Wiesbaden.

Kotzab, Herbert/Teller, Christoph (2003). Value-adding partnerships and co-opetition models in the grocery industry, International Journal of Physical Distribution & Logistics Management (33), 268–281, Online: 10.1108/09600030310472005.

KPMG (2018). The Pulse of Fintech 2018, Online: https://assets.kpmg.com/content/dam/kpmg/xx/pdf/2018/07/h1-2018-pulse-of-fintech.pdf (20.09.2018).

Krah, Eva-Susanne (2017). Der digitale Wandel darf keine Kunden kosten, Online: https://www.springerprofessional.de/mobile-banking/finanzen/der-digitale-wandel-darf-keine-kunden-kosten/15256974 (20.10.2018).

Krecek, Michael (2005). Venture Capital aus Investorensicht. Entscheidungstheoretische Analyse von Strukturen und Vertragsklauseln, Wiesbaden.

Mayer, Horst O. (2008). Interview und schriftliche Befragung. Entwicklung, Durchführung und Auswertung, München.

Mayring, Philipp (2002). Einführung in die qualitative Sozialforschung. Eine Anleitung zu qualitativem Denken, Weinheim/Basel.

Mayring, Philipp (2015). Qualitative Inhaltsanalyse. Grundlagen und Techniken, Weinheim.

Ng, Zhi Ying (2017). Disruptive Fintech Is Dead-Long Live Collaborative Fintech!, Online: https://www.forrester.com (23.08.2018).

NVivo (2019). NVIVO: Datenanalyse, Online: http://www.qsrinternational.com/nvivo-german (03.04.2019).

o.A. (2018). Österreichische Regierung macht Ernst mit der Digitalsteuer, Online: https://derstandard.at/2000095061813/Oesterreichische-Regierung-macht-Ernst-mit-der-Digitalsteuer (19.02.2019).

Oswald, Gerhard/Krcmar, Helmut (Hg.) (2018). Digitale Transformation. Fallbeispiele und Branchenanalysen, Wiesbaden.

Preissler, Steffen (2015). Interorganisationaler Wissens- und Technologietransfer. Eine transaktionsökonomische Analyse zwischen Markt und Hierarchie, Wiesbaden.

PwC (2018). FinTech-Kooperationsradar. Wie entwickeln sich Kooperationen zwischen FinTechs, Banken und Versicherungen?, Online: https://www.pwc.de/fintech-kooperationen (06.01.2019).

RBI (2019). Raiffeisen Bank International Elevator Lab, Online: http://www.elevatorlab.com/ (13.01.2019).

Schmidt, Julian/Drews, Paul/Schirmer, Ingrid (2018). Charting the Emerging Financial Services Ecosystem of Fintechs and Banks: Six Types of Data-Driven Business Models in the Fintech Sector, in: Bui, Tung (Hg.) Proceedings of the 51st Hawaii International Conference on System Sciences, 5004–5030.

Schueffel, Patrick mname (2016). Taming the Beast: A Scientific Definition of Fintech, Online: https://www.researchgate.net/publication/314437464_Taming_the_Beast_A_Scientific_Definition_of_Fintech (05.01.2019).

Schuh, Günther/Klappert, Sascha (2011). Technologiemanagement. Handbuch Produktion und Management 2, Berlin, Heidelberg.

Seidel, Marcel (Hg.) (2017). Banking & Innovation 2017. Ideen und Erfolgskonzepte von Experten für die Praxis, Wiesbaden.

Shim, Yongwoon/Shin, Dong-Hee (2016). Analyzing China's Fintech Industry from the Perspective of Actor–Network Theory, Telecommunications Policy, 168–181, Online: 10.1016/j.telpol.2015.11.005.

Smolinski, Remigiusz et al. (2017). Innovationen und Innovationsmanagement in der Finanzbranche, Wiesbaden.

Statista (2014). Fintech startups by sector in German-speaking Europe 2014, Online: https://www.statista.com/statistics/412596/fintech-german-europe-dach-countries-by-sector/ (15.08.2018).

Statista (2016a). Fintech in Europe, Online: https://www.statista.com/study/26617/fintech-in-europe-statista-dossier/ (15.08.2018).

Statista (2016b). Median deal size of Fintech investments in Europe from 3rd quarter 2015 to 3rd quarter 2016, Online: https://www.statista.com/statistics/643158/average-overall-deal-size-fintech-europe/ (15.08.2018).

Statista (2017). FinTech venture capital deal volume in selected European countries in 2017, Online: https://www.statista.com/statistics/641617/fintech-venture-capital-deal-volume-europe/ (15.08.2018).

Sustala, Lukas (2012). Überleben im Ökosystem der Innovationen, Online: https://derstandard.at/1343743515437/Ueberleben-im-Oekosystem-der-Innovationen (24.09.2018).

Szczutkowski, Andreas (2018). Definition: kritische Erfolgsfaktoren, Online: https://wirtschaftslexikon.gabler.de/definition/kritische-erfolgsfaktoren-38219/version-261645 (13.01.2019).

Tiberius, Victor/Rasche, Christoph (2017). Disruptive Geschäftsmodelle von FinTechs: Grundlagen, Trends und Strategieüberlegungen, in: Tiberius, Victor/Rasche, Christoph (Hg.) FinTechs, Wiesbaden.

Tintelnot, Claus/Meissner, Dirk/Steinmeier, Ina (Hg.) (1999). Innovationsmanagement, Berlin.

Vahs, Dietmar (2013). Innovationsmanagement. Von der Idee zur erfolgreichen Vermarktung, Stuttgart.

Weber, Benjamin/Heidenreich, Sven (2018). When and with whom to cooperate? Investigating effects of cooperation stage and type on innovation capabilities and success, Long Range Planning (51), 334–350, Online: 10.1016/j.lrp.2017.07.003.

Wilde, Thomas/Hess, Thomas (2007). Forschungsmethoden der Wirtschaftsinformatik, Wirtschaftsinformatik (49), 280–287, Online: 10.1007/s11576-007-0064-z.

Yin, Robert K. (2009). Case study research. Design and methods, Los Angeles.

Yin, Robert K. (2012). Applications of case study research, Los Angeles.

Yin, Robert K. (2014). Case study research. Design and methods, Los Angeles/London/New Delhi/Singapore/Washington, DC.

Yonghee, Kim et al. An Empirical Study on the Adoption of Fintech Service: Focused on Mobile Payment Services, in: Advanced Science and Technology Letters, 136–140.

Zepke, Georg (2016). Lust auf qualitative Forschung! Eine Einführung für die Praxis, Wien.

Anhang A: Interviewleitfaden

Unternehmen: _________

Kooperation: _________

Interviewpartner/in: _____

Einleitung

Vielen Dank, dass Sie sich ungefähr 30 Minuten Zeit genommen haben, um mir Fragen zu wissenschaftlichen Zwecken zu beantworten. Da ich Ihre Aussage im Rahmen meiner Masterarbeit an der Fachhochschule Technikum Wien verwenden möchte, würde ich unser Gespräch gerne aufzeichnen und Aussagen dieses Interviews in meiner Arbeit zitieren. Die Ergebnisse werden in der Arbeit anonym behandelt. Ich freue mich auf unser Gespräch und bin neugierig auf Ihre Erfahrungen in dieser Kooperation.

Vorstellung der Masterarbeit

Europäische Banken müssen einer Vielzahl an regulatorischen Vorgaben, der digitalen Transformation, sowie neuen Wettbewerbsbedingungen gerecht werden. Neben bereits etablierten Jungunternehmen finden auch regelmäßig neue Fintechs ihre Nische in dieser Branche.

Bereits vielfach aufgezeigte Möglichkeiten eines Accelerator-Programmes, sowie Investitionen in Fintechs durch Risikokapital sollen in dieser Masterarbeit vernachlässigt und Kooperationsmöglichkeiten als Alternative für einen nachhaltigen Erfolg aufgezeigt werden.

Die zentrale Fragestellung dieser Arbeit lautet: Welche kritischen Erfolgsfaktoren lassen sich bei der Kooperation zwischen Fintechs und einer österreichischen Bank identifizieren, um eine externe Technologieverwertung im digitalen Privatkundengeschäft erfolgreich umzusetzen?

Einstiegsfragen

1. Sehen Sie Kooperationen als Notwendigkeit für den weiteren Bestand des Unternehmens? Wenn ja, warum?
2. Man hört immer wieder das Finanzinstitute mit neuen Geschäftsmodellen, neuen Marktteilnehmer/innen, sowie verkürzten Produktlebenszyklen und regulatorischen Anforderungen konfrontiert sind - Welche Chancen sehen Sie für Ihr Unternehmen durch eine Kooperation?

Hauptteil

3. Warum hat sich das Unternehmen für diese Kooperation entschieden?
4. Wo sehen Sie die Stärken Ihres Unternehmens in dieser Kooperation?
5. Wie hätte man die Kooperation verbessern können?
    5.1. Was wären dabei die Folgen gewesen?
6. Wie hätte man die Kooperation zum Scheitern bringen können?
    6.1. Was wären dabei die Folgen gewesen?
7. Welche drei Erfolgsfaktoren fallen Ihnen zu dieser Kooperation ein?
    7.1. Konnten diese erreicht werden?

Abschluss

Vielen Dank, dass Sie sich die Zeit für dieses Interview genommen haben. Ich bin überzeugt interessante Erkenntnisse aus Ihren Aussagen ziehen zu können.